EL GRAN DESAFÍO
DEL CABALLERO
DE LA ARMADURA
OXIDADA

Rabí Aharón Shlezinger

El gran desafío del Caballero de la Armadura Oxidada

EDICIONES OBELISCO

Colección Narrativa
EL GRAN DESAFÍO DEL CABALLERO DE LA ARMADURA OXIDADA
Rabí Aharón Shlezinger

1.ª edición: enero de 2013
4.ª edición: febrero de 2024

Maquetación: *Joan Rosique Riudoms*
Corrección: *M.ª Jesús Rodríguez*
Diseño de cubierta: *Carol Briceño*

Edita: Ediciones Obelisco, S. L.
Collita, 23-25. Pol. Ind. Molí de la Bastida
08191 Rubí - Barcelona
Tel. 93 309 85 25
E-mail: info@edicionesobelisco.com

ISBN: 978-84-9111-989-0
Depósito Legal: B-32.134-2012

Printed in Spain

Impreso en España en los talleres gráficos de Romanyà/Valls, S.A.
Verdaguer, 1 - 08786 Capellades (Barcelona)

Prólogo

*E*L CABALLERO DE LA ARMADURA OXIDADA es un emocionante y enternecedor relato que alienta a la introspección y la rectificación. El personaje principal de la obra, el caballero, vive una verdadera odisea; deseando liberarse de su armadura atraviesa duras pruebas que debe resolver fundamentalmente con su propia voluntad y escuchando los consejos de los demás.

Las enseñanzas que surgen al leer la obra son muchas y de gran provecho, pero hay algo más que debe conocerse, y es la fuente de estos conocimientos tan provechosos, ya que todo lo que hay en el mundo posee en su interior una energía vivificante que le permite existir. Tal como enseñó el sabio Jaim Ben Atar: todo lo que hay en el mundo, también lo considerado malo, tiene indefectiblemente energía vivificante enraizada en el bien. Pues lo que es malo está asociado al nombre de la muerte. ¿Y cómo podría tener vida y existir? Y cuando esa energía desaparece, lo que la contenía deja de existir (Or Hajaim Éxodo 11, 5).

Resulta que sin lugar a dudas también aquí, en esta obra, esa energía está presente. Por eso veremos las citas del Talmud y la Cábala que conectan con esa energía. Observaremos los momentos claves y los hechos trascendentales de la obra, y nos introduciremos en ellos para apreciar su vínculo con los conceptos cabalísticos y talmúdicos. Y para facilitar la lectura, todo el texto, con sus enseñanzas y paralelismos, estará novelado.

Así será posible adentrarse en el Sendero de la Verdad, como el caballero, para aprender a conocerse mejor, a conocer más a los demás, y a entender la realidad que nos rodea. Y cada vez que se lea el texto, y vuelva a ser leído, seguramente se despertarán nuevas preguntas, y surgirán nuevas respuestas y deseos de saber más.

Pues así es el Sendero de la Verdad, infinito, acerca del cual se dijo: «Bienaventurados los que conocen los misterios del Creador para andar por el Sendero de la Verdad; en este mundo, y en el Mundo Venidero» (II Zohar 248a).

¿Esos misterios, dónde se encuentran? En la Torá,* pues la Torá es completa e íntegra, llena de sabiduría Divina, para andar por el Sendero de la Verdad y comprender todos los misterios existenciales (II Zohar 257a).

---

* Torá: se denomina así al Pentateuco y los demás libros de la Biblia, los Profetas y los Escritos Sagrados. A este conjunto de libros se denomina Torá escrita; y también existe la Torá oral, que es la explicación de esos libros recibida por tradición ancestral.

I

La gran odisea del caballero

SEGURAMENTE YA CONOCÉIS la historia de aquel caballero medieval que para estar siempre preparado y listo para salir en todas direcciones, se colocaba su armadura cada vez con mayor frecuencia. Con el tiempo, se enamoró hasta tal punto de su armadura que se la empezó a poner para cenar y, a menudo, para dormir. Después de un tiempo, ya no se tomaba la molestia de quitársela para nada, hasta que quedó adherida a él, y no se la pudo sacar más.

Poco a poco, su familia fue olvidando qué aspecto tenía sin su armadura. Cuando permanecía en su casa, el caballero solía recitar monólogos sobre sus hazañas. Su esposa Julieta y su hijo de cabellos dorados casi nunca podían decir una palabra. Cuando lo hacían, el caballero los acallaba, ya fuera cerrando su visera o quedándose repentinamente dormido.

Pero esta actitud arrogante del caballero llegó un día a su fin. Pues ese día, Julieta se enfrentó a su marido y le dijo que se quitara la armadura, y si no, cogería a su hijo, y se iría con él.

—No es mi culpa si estoy atrapado en esta armadura –dijo el caballero–. Tengo que llevarla para estar siempre listo para la batalla. ¿De qué otra manera, si no, hubiera podido comprar bonitos castillos y caballos para ti y para nuestro hijo?

—No lo hacías por nosotros. ¡Lo hacías por ti! –replicó Julieta.

El caballero no quería que Julieta se fuera. Amaba a su esposa y a su hijo y a su elegante castillo. Tomó la decisión de quitarse el yelmo, pero no pudo, estaba muy enganchado, y tampoco logró levantar la visera. Fue a ver al herrero del pueblo y le pidió que lo liberara, pero tampoco él pudo ayudarlo.

La situación del caballero era muy complicada, ya que al igual que su ancestro Adán, también se equivocó, quedó atrapado dentro de una armadura, y echó la culpa a terceros.

Pero sabemos que Adán no se dio por vencido, clamó, meditó y buscó sin cesar, hasta que encontró a un maestro que se le apareció súbitamente y le enseñó cómo liberarse de su angustia, y también de su armadura. Sin la menor duda, el caballero debía conocer el camino de Adán y seguir sus pasos para encontrar una solución a su gran dilema.

La historia de Adán

Adán, al comienzo de los tiempos, estaba vestido con una vestimenta brillante y luminosa, y vivía en un jardín lleno de árboles que producían deliciosas frutas junto a Eva, su mujer. Ese jardín era maravilloso. Todo lo que le hacía falta lo encontraba en ese lugar, y se deleitaba con todos los placeres que estaban allí dispuestos para que los disfrutara.

Adán y Eva eran puros y libres, y disfrutaban intensamente del Paraíso. Para ellos sólo existía el bien, desconocían las tentaciones y los malos instintos. Consideraban a todos los órganos de sus cuerpos, incluso los más íntimos, como las orejas, las manos, o los pies. Y cuando se unían para procrear, era para ellos una acción natural, como comer o beber, y no se avergonzaban, como está escrito: «Ambos estaban desnudos, el hombre y su mujer, y no tenían vergüenza» (Génesis 2, 25; Alshij).

Pero allí estaba la serpiente, que no era una serpiente como las que conocemos, ésa era muy astuta, andaba erguida como una persona, y tenía pies. Además, era de género masculino. Por eso, cuando vio a Adán y Eva que estaban procreando, deseó a la mujer (Midrash Bereshit Raba 18, 6; 19, 2).

La serpiente urdió un ardid y puso en marcha su plan, como está escrito: «Le dijo a la mujer: "¿Acaso Dios dijo: no comeréis de todo árbol del jardín?"» (Génesis 3, 1).

El plan de la serpiente fue astuto y cruel. De ese modo sembró la duda en la mujer. Y la mujer le respondió con absoluta naturalidad e inocencia: «Del fruto de los árboles del jardín podemos comer. Y del fruto del árbol que está en el centro del jardín, Dios ha dicho: "No comeréis de él y no lo tocaréis, para que no muráis"» (Génesis 3, 2-3).

La mujer, sin darse cuenta, había caído en la trampa. Y como la duda ya estaba sembrada, la serpiente se apresuró a ejecutar la segunda parte de su plan. Comenzó a empujar a Eva, poco a poco, en dirección del árbol del centro del jardín, hasta que provocó que lo tocara (Sforno; Rashi). Inmediatamente la serpiente confundió más aún a la mujer, diciéndole:

—Si es así, como tú dices, que os ha sido ordenado no comer del fruto de este árbol, no moriréis. Pues tú has visto con tus propios ojos que lo habéis tocado y no se te ha castigado. Tampoco temas del castigo por comer (Sefer Zikarón).

Aún quedaba la posibilidad de que la mujer recapacitara, recordando que todavía no se había cumplido el plazo estipulado por Dios de un día. Pero la serpiente se ocupó de erradicar esa posibilidad con otro ardid. Le dijo:

—Aunque aún no ha transcurrido un día, de todos modos, come de él. Pues si mueres por haberlo tocado, no volverás a morir nuevamente por comer. Y si no mueres por haberlo tocado, tampoco morirás por comer (Beer Maim Jaim).

A esto se refiere lo que está escrito: «La serpiente le dijo a la mujer: "Ciertamente, que no moriréis, pues Dios sabe que el día que de él comáis, vuestros ojos se abrirán, y seréis como Dios, conocedores del bien y del mal"» (Génesis 3, 4-5).

Entonces Eva comió, y después dio a su marido para que también lo hiciera; no fuera que ella muriera y él se casara con otra mujer (Rashi). Como está escrito: «Y la mujer percibió que el árbol era bueno como alimento, y que era un deleite para los ojos, y que el árbol era deseable como un medio para alcanzar la sabiduría, y ella tomó de su fruto y comió; y también le dio a su marido junto a ella y él comió» (Génesis 3, 6).

Aquí comenzaron el temor, la necesidad de cubrir el cuerpo, y el echar la culpa a terceros. Todo muy similar a lo ocurrido con el caballero. Como está escrito: «Entonces los ojos de ambos se abrieron y se dieron cuenta de que estaban desnudos; y cogieron una hoja de higuera y se hicieron ceñidores. Oyeron la voz de El Eterno Dios que andaba en el jardín hacia el anochecer; y el hombre y su mujer se escondieron de El Eterno Dios en el árbol del jardín. El Eterno Dios llamó al hombre y le dijo: "¿Dónde estás?". Él dijo: "Oí Tu voz en el jardín, y tuve miedo, pues estoy desnudo, así que me escondí". Y Dios dijo: "¿Quién te dijo que estás desnudo? ¿Acaso comiste del árbol del que te ordené que no comieras?". El hombre dijo: "La mujer que me diste para que estuviera conmigo,

13

ella me dio del árbol y yo comí". Y El Eterno Dios le dijo a la mujer: "¿Qué es lo que has hecho?". La mujer dijo: "¡La serpiente me engañó, y yo comí!"» (Génesis 3, 7-13).

A raíz del error, Adán perdió la santidad que tenía, y también la vestimenta brillante que lo rodeaba y protegía. Se llenó de temor, y necesitó cubrir su cuerpo con un elemento terrenal, los ceñidores.

Esos ceñidores eran unas vestimentas hechas con hojas de higuera, y con ellos ciñeron y cubrieron todo su cuerpo, como está escrito. «Y se hicieron ceñidores». El maestro Aba, hijo de Kahana, dedujo: se aprecia que no está escrito: «un ceñidor», en singular, sino «ceñidores». Se aprende que eran varios ceñidores, con los cuales cubrieron todo su cuerpo, e incluso la cabeza (Midrash Génesis Raba 19, 6).

Así comenzó la historia de la armadura de Adán, que la vistió muchos, muchísimos años, y durante todos esos años su mujer no lo podía tocar ni estar con él (*véase* Eirubin 18b). Las coincidencias de estos hechos con la historia del caballero son evidentes. ¡Cuán bueno hubiera sido que lo hubiera sabido para poder librarse de su armadura! Pues Adán lo consiguió.

El abandono del Paraíso

Veamos cómo salió Adán de todo este embrollo: cuando Adán fue expulsado junto con su esposa del Jardín del Edén, necesitaba vestimentas apropiadas para entrar en el mundo exterior. Ya que las vestimentas de luz con las que estaba recubierto su cuerpo le servían para vivir en el Jardín del Edén, que era un mundo angelical en el que irradiaba la luz suprema de lo Alto, y sus vestimentas brillantes estaban hechas con esa luz. Pero ahora debía entrar en contacto con los fenómenos terrestres, y necesitaba una vestimenta adecuada, y Dios se la proveyó, como está escrito: «Y El Eterno Dios hizo para Adán y para su esposa vestimentas de piel, y los vistió» (Génesis 3, 21) (II Zohar 229b). Ésa es la piel que recubre la carne. Pues en un comienzo, cuando estaban en el Jardín del Edén, sus cuerpos tenían una estructura ósea recubierta de carne, y ahora Dios les había colocado piel sobre la carne, para vivir en el mundo terrenal (Iben Ezra; Radak). Sobre la piel se colocan las demás vestimentas, y Adán se colocó los ceñidores de hojas de higuera.

El gran Maestro

Adán, cuando fue expulsado del Jardín del Edén estaba muy triste. Ya no contaba con las brillantes vestimentas de luz, ni tampoco con el alma suprema, que se había ido de él. Comenzó a orar a Dios, a contarle todo lo que pensaba, y a expresarle su arrepentimiento por lo que había hecho. También le pidió que se apiadara de él y le devolviera el alma suprema y lo dotara de sabiduría, como la que tenía antes, cuando estaba en el Jardín del Edén. Y le pidió que le hiciera saber lo que ocurriría con él y con sus descendientes, todos los días.

Tres días oró a Dios, pidiéndole que se apiadara de él. Y entonces ocurrió algo maravilloso: el ángel Raziel se le apareció. Estaba sentado junto al río que surge del Edén, y tenía un libro en la mano.

—¡Adán! –le dijo–. ¿Por qué estás turbado, triste y angustiado? Desde el día en que te levantaste para orar y pedir clemencia a Dios, tus palabras fueron oídas. Y yo he venido para enseñarte palabras puras y mucha sabiduría, y para explicarte las palabras de este libro sagrado. Y a partir de ellas sabrás lo que te sucederá hasta el día de tu muerte. Y toda persona de tus descendientes, que se levante después de ti y todas las generaciones postreras que se comporten con este libro sagrado con pureza, con aptitud de corazón, con humildad de espíritu, y hagan todo lo que está escrito en él, como tú, sabrán lo que vendrá cada mes, y cada día y cada noche. Y todo estará revelado ante él, y comprenderá, y sabrá lo que ocurrirá, si sobrevendrá el mal, hambruna, peste, lluvias, sequía, si la cosecha aumentará o disminuirá, si los malvados dominarán en el mundo, si habrá plaga de langostas, si los frutos de los árboles se estropearán y caerán antes de tiempo, si habrá epidemia que afecte a las personas, si habrá guerra, si sobrevendrán aflicciones, si habrá mortandad en los seres humanos o en los animales, o si saldrá un buen decreto de lo Alto, o malo. Y tú Adán, acércate y presta atención, y te enseñaré el camino de este libro y su santidad.

El ángel Raziel abrió el libro y comenzó a leerlo a oídos de Adán. Y cuando Adán oyó las palabras de este libro sagrado de boca del ángel Raziel, cayó sobre su rostro y comenzó a temblar.

—¡Adán! –le dijo el ángel–. Levántate, fortalécete y no temas, ni tiembles. Toma el libro éste de mi mano y cuídalo, pues de él tendrás sabiduría y obtendrás conocimientos, y los harás saber a todo el que lo merezca.

Cuando Adán tomó el libro, surgió un fuego imponente junto a la ribera del río, y el ángel ascendió al Cielo en medio de una refulgente llamarada flamígera. Entonces, Adán supo que era un ángel de Dios, y traía ese libro ante el Rey sagrado, y lo aferró con santidad y pureza (Raziel Hamalaj págs. 1-2).

En ese libro estaban escritos todos los secretos de los mundos supremos, los ángeles celestiales, y los misterios de este mundo, también el modo de alcanzar las sublimes vestimentas de luz, y el Jardín del Edén.

Las vestimentas de luz

¿Cómo se consiguen las vestimentas de luz y el Jardín del Edén? A través de las buenas acciones. Pues esas acciones atraen la irradiación de luminosidad que surge del resplandor supremo de lo Alto, convirtiéndose en una vestimenta apta para rectificarse y entrar con ella en el Mundo Supremo.

Esa vestimenta es necesaria para mostrarse vestido con ella ante El Eterno. Y con esa vestimenta de luminosidad con que la persona se viste provoca un gran placer a su alma. Ya que el alma de la persona obtiene provecho de la irradiación de luminosidad suprema, y ve a través de la irradiación de luminosidad, como está dicho: «Para contemplar la hermosura de El Eterno, y para visitar su Palacio» (Salmos 27, 4) (II Zohar 229b).

Para saber cómo se realizan las buenas acciones y ser sensible con las demás personas, e incluso los animales, las plantas, y todos los entes creados, hay que adquirir conocimientos marchando por el Sendero de la Verdad, el mismo que le enseñó Raziel, el maestro angelical, a Adán.

Sin lugar a dudas el caballero debía saber esto para librarse de la armadura que lo tenía atrapado.

II

La búsqueda de la solución

NCAPAZ DE ENCONTRAR AYUDA en su propio reino, el caballero decidió buscar en otras tierras. Por eso una mañana, muy temprano, montó en su caballo y se alejó cabalgando.

Al salir de la provincia, el caballero se detuvo para despedirse del rey, que había sido muy bueno con él. Pero cuando llegó a su castillo se encontró con el bufón del rey, quien le dijo que el rey se había ido. El caballero, desilusionado, comenzó a irse, pero el bufón lo llamó y le dio un consejo, le dijo:

—Tenéis que ver al Mago Merlín, así lograréis ser libre al fin.

—¿Merlín? El único Merlín del que he oído hablar es el gran sabio, el maestro del rey Arturo.

—Sí, sí, el mismo es. Merlín sólo hay uno, ni dos ni tres.

—¡Pero no puede ser! —exclamó el caballero—. Merlín y el rey Arturo vivieron hace muchos años.

Bolsalegre, el bufón, replicó:

—Es verdad, pero aún vive ahora. En los bosques el sabio mora.

—Pero esos bosques son tan grandes… —dijo el caballero—. ¿Cómo lo encontraré?

Bolsalegre sonrió.

—Aunque ahora os parece muy difícil, cuando el alumno está preparado, el maestro aparece.

¿Qué tipo de ser humano era ese que el caballero debía encontrar? Tenía que ser un descendiente de Adán, suficientemente puro, apto y capaz, tal como el ángel Raziel le dijo a Adán: «Y toda persona, de tus descendientes, que se levante después de ti, y todas las generaciones postreras que se comporten con este libro sagrado con pureza, con aptitud de corazón, con humildad de espíritu, y haga todo lo que está escrito en él, como tú, sabrá lo que vendrá».

En aquel tiempo, como en los demás tiempos, había un maestro que reunía esas condiciones: Elías, quien muchas veces se aparecía para ayudar a las personas, investido en muchos aspectos diferentes, con diversos nombres.

Elías era un maestro maravilloso y sabio, y también se elevaba en fulgurantes llamaradas de fuego, al igual que Raziel, como está escrito: «Elías dijo a Eliseo, su discípulo: "Solicita lo que desees que haga por ti, antes que yo sea tomado de ti". Y Eliseo dijo:

"Te ruego que una doble porción de tu espíritu sea sobre mí". Él le dijo: "Algo complicado has pedido. Si me vieras cuando sea tomado de ti, te será concedido, mas si no, no te será concedido". Aconteció que mientras marchaban y hablaban, he aquí un carro de fuego con caballos de fuego separó a ambos, y Elías subió al Cielo en un torbellino» (II Reyes 2, 10-11).

El Maestro buscado

¿Cómo se podía encontrar a ese maestro? ¿Cómo se hacía para llamarlo y que viniese?

Cuando Elías ascendió al Cielo, el primer Templo Sagrado aún estaba en pie. Y ya habían pasado muchas centurias desde aquella época. Pero, aun así, se sabía de personas que habían hablado con él. Uno de ellos fue el maestro Anán, que además de hablar con él, aprendió de él los secretos del Sendero de la Verdad.

El maestro Anán era muy famoso. Fue discípulo de Samuel *(véase* Talmud, tratado de Babá Metzía 51b), y ejerció como juez en la ciudad de Nahrdea *(véase* tratado de Ketuvot 105b). Era compañero del maestro Huna *(véase* tratado de Ketuvot 69a), y del maestro Najman *(véase* tratado de Julín 56a), dos eruditos de gran renombre.

Una vez, un hombre trajo al maestro Anán una canasta llena de pequeños pescados. El maestro Anán le preguntó:

—¿Qué haces?

—Debo resolver un pleito que tengo contra otra persona —le contestó el hombre.

Al escuchar, el maestro Anán rehusó a aceptar el presente.

—Estoy descalificado para juzgar tu caso —le dijo.

El hombre le respondió:

—No es mi intención que usted, distinguido maestro, juzgue mi causa. Sólo le pido que acepte mi presente para no impedir el acercamiento de las primicias.

Y le explicó sus razones:

—Pues está escrito: «Vino un hombre de Baal Shalisha, y trajo al varón de Dios pan de las primicias, veinte panes de cebada y grano tierno» (II Reyes 4, 42). ¿Pero acaso Eliseo era sacerdote y podía comer las primicias? Pues sólo un sacerdote tiene permiso para comerlas y Eliseo era de la tribu de Gad (Rashi). Siendo así, ¿cómo es posible que las aceptó? Se aprende que todo aquel que trae un presente a un erudito se le considera como si hubiera cumplido con el precepto de las primicias.

El maestro Anán le respondió:

—No era mi intención aceptar, pero ahora que me has revelado el motivo, lo acepto.

El maestro Anán envió al hombre al tribunal del maestro Najman, para que resolviera allí su pleito. Además, envió un recado al maestro Najman diciéndole: «Maestro, juzgue usted el pleito de este hombre, pues yo, Anán, estoy descalificado para juzgarlo».

Cuando el maestro Najman recibió la solicitud del maestro Anán, consideró:

—Ya que el maestro Anán me hace saber esto, entiendo que el hombre del pleito es pariente suyo, y por esa causa no puede ocuparse del caso, ya que la ley lo prohíbe.

En ese momento, el maestro Najman se disponía a resolver el juicio de unos huérfanos. Pero ante la disyuntiva que se le había presentado, dijo:

—Resolviendo estos dos juicios cumpliré un precepto, el de juzgar rectamente. Pero el pleito de este hombre arrastra también el precepto ligado con el honor de la Torá del maestro Anán. ¡Es mejor anteponerlo!

El maestro Najman apartó el caso de los huérfanos y se ocupó del de ese hombre. Al ver el contrincante los honores que el maestro Najman concedía a su contendiente decayó su ánimo, y no consiguió concentrarse para exponer los argumentos que poseía en su defensa.

Una armadura de cristal

Desde ese día algo cambió en la vida del maestro Anán. Era frecuente que Elías se presentase ante él y le transmitiera profundos estudios que se denominaban: *El Orden de Estudios de Elías*. Pero después de proceder como lo hizo con aquel hombre del pleito, Elías dejó de acudir.

El maestro Anán estaba desconsolado; ayunó y pidió clemencia –tal como había hecho su ancestro, Adán, en el pasado–. Y Elías se presentó. Sin embargo, con la llegada de Elías, un tremendo pavor envolvió al maestro Anán. Por eso construyó un arca, entró en ella, y Elías prosiguió enseñándole.

El estudio del maestro Anán con Elías originó el libro titulado *Tana Dbei Elías*, que está dividido en dos partes: *Tana Dbei Elías Mayor* y *Tana Dbei Elías Menor* (Talmud, tratado de Ketuvot 106a).

Tana Dbei Elías Mayor contiene las enseñanzas recibidas antes del pecado. *Tana Dbei Elías Menor* contiene las enseñanzas recibidas después del pecado, cuando estudiaba metido en su arca (Rashi).

El viaje cósmico

¿Cómo es posible que Elías se presentara a enseñarle al maestro Anán cuando había subido al Cielo en un torbellino muchas centurias atrás? Ciertamente, este maestro podía viajar a través del tiempo.

Y no fue la única vez que lo hizo, sino muchas otras veces también. En una ocasión, Elías se le apareció al maestro Iosei, quien vivió dos generaciones posteriores al maestro Anán.

El maestro Iosei contó:

—Una vez andaba yo por el camino y entré en unas ruinas de las que hay en Jerusalén, para orar.

Se presentó Elías y me aguardó en la entrada. Permaneció allí hasta que terminé de orar. Cuando concluí la oración, me dijo:

—La paz sea contigo, maestro.

—La paz sea contigo, maestro y gran erudito —le dije.

En ese momento me dijo:

—Hijo mío ¿por qué entraste en estas ruinas?

—Para orar —le respondí.

—Debías haber orado en el camino —me dijo.

—Es que temía que me interrumpiesen los caminantes —le respondí.

—Debías haber recitado una plegaria breve —me contestó.

El maestro Iosei reconoció:

—En ese momento aprendí de él tres cosas:

✓ No se entra en una casa en ruinas.

✓ Se ora en el camino.

✓ Se ora una plegaria breve en el camino (Talmud, tratado de Berajot 3a).

El aspecto del Maestro

Cuando Elías se presenta, no lo hace siempre con el mismo aspecto. A veces lo hace con aspecto de erudito, y otras, con aspecto de un comerciante (Talmud, tratado de Berajot 6b), un mendigo, un consejero del rey (Talmud, tratado de Taanit 21a), un ministro

(Talmud, tratado de Avoda Zara 17b), como un alguacil montando a caballo (Talmud, tratado de Shabat 109b), e incluso en forma de una meretriz (Talmud, tratado de Avoda Zara 18b).

¿Por qué no podría aparecérsele al caballero en forma de Mago Merlín?

III

El encuentro con el Maestro

EL CABALLERO SE INTERNÓ en los bosques y cabalgó día tras día, noche tras noche, debilitándose cada vez más. Mientras cabalgaba en solitario a través de los bosques, el caballero se dio cuenta de que había muchas cosas que no sabía. Siempre había pensado que era muy listo, pero no se sentía tan listo ahora, intentando sobrevivir en los bosques. De mala gana, se reconoció a sí mismo que no podía distinguir una baya venenosa de una comestible. Esto hacía del acto de comer una ruleta rusa. Beber no era menos complicado. El caballero intentó meter la cabeza en un arroyo, pero su yelmo se llenó de agua.

La introspección que estaba haciendo lo hizo cambiar. Ya no era el mismo ser arrogante de antes, ahora era más humilde, reconocía los errores, y aceptaba los fracasos. Estaba aprendiendo a conocerse a sí mismo y a vivir con la realidad.

Casi se ahoga dos veces. Por si eso fuera poco, se había perdido desde que había entrado en el bosque. No sabía distinguir el norte del sur, ni el este del oeste. Por fortuna, su caballo sí lo sabía. Una mañana, se despertó sintiéndose más débil de lo normal y un tanto peculiar. Aquella misma mañana encontró a Merlín.

El caballero lo reconoció enseguida; estaba sentado bajo un árbol, vestido con una larga túnica blanca. Los animales del bosque se habían reunido a su alrededor, y los pájaros descansaban en sus hombros y brazos. ¿Cómo podían todos estos animales encontrar a Merlín con tanta facilidad cuando había sido tan difícil para él?

Además, vio que Merlín comía una zanahoria y la compartía con los animales del bosque. Eso lo sorprendió.

Asunto de animales

El caballero no sabía que también la actitud que se tiene con los animales puede cambiar la vida de una persona. El maestro Iehuda era un hombre sabio y santo. Después de mucho estudiar e investigar, recopiló todas las enseñanzas de los sabios y todo lo que había sido enseñado desde Moisés, y compiló la Mishná, el compendio que reúne todas esas enseñazas en forma sintetizada. El maestro Iehuda era uno de los eruditos más grandes de su generación, y sufría de terribles flagelos. Pero después de soportarlos durante trece años se curó.

Le sobrevinieron por medio de aquel becerro que iba a ser degollado, y cuando lo llevaban, se dirigió al maestro, puso su cabeza entre su túnica y lloraba.

— ¡Ve, pues para eso has nacido! –le dijo.

En el Cielo dijeron:

—Ya que no se apiada, enviémosle flagelos.

El maestro soportó esa aflicción hasta que un día su sirvienta estaba limpiando la casa y echando unas crías de rata. Él le dijo:

Déjalas, pues está escrito: «Bueno es El Eterno para con todos, y se apiada de todas las criaturas» (Salmos 145, 9).

En el Cielo dijeron:

— ¿Se apiada? ¡Apiadémonos de él! (Talmud, tratado de Babá Metzía 85a).

La serpiente justiciera

Sí, los animales también son dignos de respeto. Tú no sabes cuándo los puedes necesitar. Tal vez puedan salvarte la vida, o a uno de tus hijos o amigos.

Por ejemplo, la serpiente que envidió a Adán no fue creada para hacer maldades. El maestro Simón, hijo de Elazar, dijo:

—Cuán grande fue la carencia que sufrió el mundo al ser cortados los pies y las manos de la serpiente, pues si no fuese así, el hombre enviaría mercancía a través de ella, y ésta iría a cumplir la misión, y vendría (Midrash Bereshit Raba 19, 2).

Si la gente se comportara adecuadamente, incluso la serpiente se convertiría en su amigo. El maestro Jalafta dijo:

—Considerad que la serpiente se desvive por el ajo, va detrás de él, y desea comerlo. Una vez una serpiente descendió de la montaña y se dirigió a una casa. Allí encontró una bandeja con ajo, lo comió y vomitó veneno en su interior, en el alimento que quedó en la bandeja. Y una serpiente que había en la casa vio lo que había hecho la serpiente de la montaña, y no se enfrentó a ella para impedirle que envenenara la comida, ya que era más poderosa y no podía luchar contra ella. Pues las serpientes que crecen en la montaña, lejos de las personas, son más fuertes que las serpientes caseras. ¿Qué hizo para salvar a los moradores de la casa? Cuando se fue aquella serpiente montañesa, la serpiente de la casa salió de su escondrijo, y llenó la bandeja de tierra. Y al ver que los miembros de la casa no reparaban en el peligro que representaba ese alimento envenenado e igual querían comerlo, la serpiente casera se arrojó sobre la bandeja. ¿Y cómo hizo eso una serpiente que, por lo general, es enemiga de la persona? Porque cuando los caminos del hombre son agradables a El Eterno incluso a sus enemigos hace estar en paz con él. Por eso salvó a las personas (Midrash Bereshit Raba 54, 1).

Evidentemente, el caballero necesitaba comprender esto para librarse de su armadura.

IV

Una lección de Vida

EL CABALLERO ESTABA CANSADO y se quedó dormido. Cuando despertó, vio a Merlín y a los animales a su alrededor. Intentó sentarse, pero estaba demasiado débil. Merlín le tendió una copa de plata que contenía un extraño líquido.

—Bebed esto –le ordenó.

El caballero sorbió el líquido con la ayuda de una caña que le preparó Merlín e insertó en uno de los agujeros de su visera.

Los primeros sorbos le parecieron amargos, los siguientes más agradables, y los últimos tragos fueron bastante deliciosos. Agradecido, el caballero le devolvió la copa a Merlín.

—¿Qué es? –preguntó el caballero.

—Vida.

—¿Vida?

—Sí –dijo el mago–. ¿No os pareció amarga al principio y, luego, a medida que la degustabais, no la encontrabais cada vez más apetecible?

Y el caballero asintió.

Un sistema de alimentación poco habitual

El caballero estaba muy débil, necesitaba comida. Pero, ¿cómo podía conseguir comida y comerla con la armadura puesta y su visera cerrada?

Se sabe que una vez Elías estaba en una situación algo similar, y los animales le llevaron alimento a un lugar solitario, como está escrito: «Y los cuervos le traían pan y carne por la mañana, y pan y carne por la tarde» (I Reyes 17, 6).

¡Eso es, los animales podrían ayudarlo!

El mago hizo sonar sus palmas y las ardillas, llevando nueces entre los dientes, se alinearon delante del caballero. Una por una, cada ardilla trepó al hombro del caballero, rompió y masticó una nuez, y luego empujó los pequeños trozos a través de la visera del caballero. Las liebres hicieron lo mismo con zanahorias, y los ciervos trituraron raíces y bayas para que el caballero comiera. Los animales alimentaban al caballero con regularidad, y Merlín le daba de beber enormes copas de Vida.

Copas de Vida

¿Por qué Merlín le daba al caballero copas de Vida? Porque necesitaba recuperar la fe y volver a tener esperanza. Y las copas de Vida están vinculadas con la fe. Pues en lo Alto hay un Castillo denominado Esencia del Cielo, el cual está vinculado con el misterio de la fe.

A ese Castillo entran las almas que están en un estado calamitoso y deben purificarse. El guardián de ese Castillo tiene en su mano una copa de Vida que está llena de irradiaciones de luminosidad, y da de beber a esas almas que llegan allí para que recuperen la fe y la esperanza.

Además, hay un Castillo paralelo en el Otro Lado. Y también allí hay un guardián que tiene en su mano una copa, la cual se denomina Copa de la Envoltura, porque envuelve a la persona, confundiéndola y debilitándola, dejándola en una situación semejante a la de alguien que está atado y envuelto (II Zohar 246b).

O sea, todo muy similar a lo ocurrido con el caballero, que estaba débil y abatido, envuelto en su armadura. Y ahora necesitaba recuperar la fe y la esperanza bebiendo copas de Vida.

Por eso, al beber las copas de Vida, lentamente, el caballero se fue fortaleciendo, y comenzó a sentirse esperanzado.

Recuperación de la sensibilidad

Una vez, el caballero estaba reflexionando sobre lo que le había dicho Merlín. Casi sin darse cuenta estaba haciendo otra introspección.

—¿Podría ser —dijo en voz alta a nadie en particular— que yo no fuera bueno, generoso y amoroso?

—Podría ser —dijo una vocecita—. Si no, ¿por qué estáis sentado sobre mi cola?

—¿Eh? —el caballero miró hacia abajo y vio a una pequeña ardilla sentada a su lado. Es decir, a casi toda la ardilla. Su cola estaba escondida.

—¡Oh, perdona! —dijo el caballero, moviendo rápidamente la pierna para que la ardilla pudiera recuperar su cola—. Espero no haberte hecho daño. No veo muy bien con esta visera en mi camino.

El caballero estaba recuperando la sensibilidad, y ésa era una muy buena señal.

Cuando le contó a Merlín que había hablado con una ardilla, le dijo:

—Espléndido.

Y también le dijo:

—Estoy esperando el día en que empecéis a hablar con las flores.

El sentimiento de las plantas

Le dijo esto porque las plantas también tienen sentimientos. El maestro Tanjuma contó que una palmera estaba plantada en la ciudad de Jamtán y no producía frutos. Y le injertaban con otros tipos de palmeras, pero aun así no producía frutos. Hasta que pasó por allí un experto en cultivo de palmeras, y cuando la vio, dijo:

—Esta palmera contempla a través de sus sentidos a otra palmera de las palmeras que se encuentran en la ciudad de Jericó y la desea; ya que también esta palmera proviene de ese lugar, y no producirá frutos hasta que se la injerte con una rama de la palmera de Jericó.

Los dueños de la palmera estéril fueron hasta Jericó, que se encontraba a unos ciento cincuenta kilómetros de distancia de Jamtán, trajeron una rama de palmera de allí, y la injertaron con la que no producía frutos. Y desde el momento que la injertaron, enseguida produjo frutos (*véase* Midrash Bereshit Raba 41, 1).

El desarrollo de la sensibilidad es muy importante, incluso con los animales y las plantas. El erudito Iojanán, el hijo de Zakai, era un gran maestro. Dijeron acerca de él: «Jamás dijo palabras vulgares. Nunca nadie se anticipó a llegar antes que él a la casa de estudios. Nunca se retiró de la casa de estudios dejando a otra persona sola allí. Cuando se lo veía, no se observaba a un hombre dejado y apático, sino concentrado en su estudio. Nunca nadie abrió la puerta a sus alumnos, sino que él mismo lo hacía. Y era sensible incluso a las conversaciones de las plantas, pues no hay conversaciones entre palmeras que el gran erudito Iojanán, hijo de Zakai, haya dejado sin estudiar» (Talmud, tratado de Sucá 28a).

Paso por paso

Era evidente que el caballero estaba recuperando la sensibilidad, tal como lo demostró al captar lo que le decían los animales, pero le faltaba dar otro paso para conseguir quitarse la armadura. A eso se refirió Merlín cuando le dijo que estaba esperando el día en que empezara a hablar con las flores.

Pero cuando Merlín le dijo esto, el caballero replicó:

—Eso será el día que las plantéis en mi tumba. ¡Tengo que salir de estos bosques!

—¿Adónde iríais?

—Regresaría con Julieta y mi hijo. Han estado solos durante mucho tiempo. Tengo que volver y cuidar de ellos.

—¿Cómo podéis cuidar de ellos si ni siquiera podéis cuidar de vos mismo? –preguntó Merlín.

—Pero los echo de menos –se quejó el caballero–. Quiero regresar con ellos, aun en el peor de los casos.

—Y es exactamente así como regresaréis si vais con vuestra armadura –le previno Merlín.

El caballero miró a Merlín con tristeza.

¡Qué terrible calamidad la del caballero! Sin lugar a dudas, para volver a ser libre y regresar con su familia debería aprender de la fábula del zorro. Porque se sabe que los zorros son muy astutos, y una vez uno atravesó una situación bastante parecida a la del caballero. Se quedó atrapado al igual que el caballero, y por más que lo deseaba vehementemente, no podía volver con su familia. Pero, como buen zorro, con astucia y voluntad, venció todos los obstáculos y se deshizo de los problemas.

La fábula del zorro

Una vez el zorro encontró un hermoso huerto con magníficos árboles frutales. Su deseo de comer de esas frutas era muy intenso. Quiso entrar, pero el huerto estaba cercado por todos los flancos. Observó aquí y allá, y encontró una abertura entre las maderas del cerco, pero no pudo entrar por allí porque era demasiado pequeña.

Entonces, como su deseo de saborear los frutos era tan intenso, tomó una decisión, comenzó a ayunar para perder peso y poder entrar. Ayunó tres días seguidos, y con su cuerpo enflaquecido, logró pasar por la abertura.

El zorro estaba muy débil, por los ayunos, pero se alegró de haber alcanzado el éxito y conseguir lo que se había propuesto. Por eso permaneció en aquel huerto varios días. Disfrutaba y comía de los deliciosos frutos sin ningún tipo de limitaciones, todo lo que deseaba estaba a su alcance.

Ese goce le duró unos cuantos soles. Pero un día recordó que del otro lado del cerco había quedado su familia, y también sus amigos. En ese momento comenzó a sentirse solo.

Pensó que era mejor abandonar todos estos placeres y regresar para estar junto a ellos. Quiso atravesar el cerco para volver, pero se llevó una gran sorpresa, su cuerpo no pasaba por la abertura, pues en esos días había comido muchas frutas y había engordado.

El zorro se dio cuenta de que no quería vivir solo, aun teniendo al alcance de su mano todos los placeres que tanto había codiciado. Por tal razón, tomó la decisión de volver a ser el de antes. Decidió ayunar nuevamente, desprenderse de todo el materialismo que había introducido y acumulado en su cuerpo, y volver a su hogar.

Así lo hizo, ayunó tres días, y pasó por la abertura del cerco. Cuando estuvo fuera, giró su cabeza en dirección del huerto, y dijo:

—¡Huerto, huerto! ¡Cuán bueno eres, y cuán buenas son las frutas que hay dentro de ti! Pero, ¿qué provecho se tiene de ti? Como la persona entra en tu interior, así sale (Midrash Raba Eclesiastés cáp. V).

El saber esto resultaría de gran ayuda para el caballero. Con sabiduría, voluntad, y esfuerzo, podría lograr el objetivo, como lo logró el zorro. Y si bien aún no conocía ningún zorro, estaba Merlín que seguramente conocía este secreto y gustoso se lo enseñaría.

Pero para aprender y tomar decisiones importantes se necesita estar apaciguado, y el caballero estaba muy perturbado, tal como lo demuestra lo que le dijo a continuación a Merlín:

—No quiero esperar a quitarme la armadura. Quiero volver ahora y ser un marido bueno, generoso y amoroso para Julieta y un gran padre para mi hijo.

Merlín asintió comprensivo. Sabía que el caballero necesitaba tiempo, debía calmarse y reflexionar. Por eso, con gran sabiduría y sensatez le dijo que regresar para dar de sí mismo era un maravilloso regalo.

—Sin embargo –añadió–, un don, para ser un don, debe ser aceptado. De no ser así es como una carga para las personas.

El caballero comenzó a dudar. Recordó las eternas quejas de Julieta porque él se iba a la batalla tan a menudo, por la atención que le prestaba a su armadura, y por su yelmo cerrado y su costumbre de quedarse dormido para no oír sus palabras. Quizá Julieta no quisiera que él volviera. Pero pensó que seguramente su hijo sí querría.

— ¿Por qué no mandarle una nota y preguntárselo? –sugirió Merlín.

El caballero estuvo de acuerdo en que era una buena idea, y le envió una nota a través de Rebeca, para saber si quería que volviera.

La paloma cumplió la misión, fue y regresó. En ese momento el caballero se enteró de que la respuesta de su hijo era el silencio.

El caballero permaneció quieto un momento, pasmado, luego lanzó un gemido y lentamente cayó al suelo. Intentó retener las lágrimas, pero pronto su pena lo venció. Lloró y se quedó dormido.

Cuando despertó, Merlín le comunicó una noticia importante, le dijo:

—Acabáis de dar el primer paso para liberaros de vuestra armadura.

Claro: todos los portales están cerrados, menos el portal de las lágrimas (Talmud, tratado de Babá Metzía 59a). Esas lágrimas podían ayudarlo a quitarse su armadura.

V

El misterio de la Verdad

MERLÍN LE SEÑALÓ AL CABALLERO dos caminos, uno era el sendero por el que había venido, y lo podía retomar, pero le aclaró que conduce a la deshonestidad, la avaricia, el odio, los celos, el miedo y la ignorancia. Y le mostró otro camino, más estrecho que el primero y muy empinado.

—Parece una escalada difícil —observó el caballero.

—Ése —dijo Merlín asintiendo— es el Sendero de la Verdad. Se vuelve más empinado a medida que se acerca a la cima de una lejana montaña.

El caballero contempló el empinado camino sin entusiasmo.

—No estoy seguro de que valga la pena. ¿Qué conseguiré cuando llegue a la cima?

—Se trata de lo que no tendréis –explicó Merlín–.
¡Vuestra armadura!

¿Qué es en verdad la Verdad?

¿Por qué parecía tan empinado el Sendero de la Verdad? ¿Acaso la verdad no es una sola y el camino llano?

Podría decirse que sí, pero, ¿qué ocurre, por ejemplo, si un médico le dice a su paciente que le quedan tres meses de vida? Es probable que se deprima mucho y muera antes, quizá a los dos meses, por esa causa o por cualquier otra. Siendo así, ¿la verdad del médico era realmente verdad? Y si le decía que le quedaban entre dos y tres meses de vida, teniendo en cuenta que tal vez se deprimirá y morirá antes, por esa causa o por cualquier otra, ¿es ésa la verdad? Quizá al enterarse reaccione de un modo diferente y decida hacer todo lo que no hizo en el pasado, aprovechando lo que le queda de vida, y eso le da ánimo y vive mucho más de tres meses, por esa causa o por cualquier otra. Siendo así, ¿cuál es la verdadera verdad?

Para saberlo hay que transitar por el Sendero de la Verdad, el cual está oculto en las palabras de la Fuente, la Torá, que fue sellada precisamente con la Verdad. Y para encontrarlo y entenderlo se requiere voluntad y deseo absoluto, dejándose a un lado todas las codicias personales y los asuntos mundanos. Por esa razón, la Torá fue entregada en el desierto, un lugar desprovisto de todo, donde se puede alcanzar la máxima comprensión y elevación.

Cuando uno se interna en el Sendero de la Verdad con toda su voluntad, descubre misterios intrínsecos invaluables, los cuales llenan de luminosidad e irradian resplandor y paz, como éste: la Torá, tal como dijimos, fue sellada con la verdad; y no sólo eso, toda la obra de la Creación fue sellada con la verdad *(véase Las Claves de la Numerología Cabalística*, págs. 204-208). Y en la Torá que fue sellada con la verdad está escrito: «Elegirás entre todo el pueblo hombres con recursos, personas temerosas de Dios, hombres de verdad, personas que odien el soborno, y los designarás líderes de miles, líderes de cientos, líderes de cincuenta personas y líderes de diez personas. Ellos juzgarán al pueblo todo el tiempo […]» (Éxodo 18, 21-22). O sea, se define a la verdad tal como la conocemos, pero también está escrito: «Y Sara se rió en su interior, diciendo: "¿Ahora que ya he marchitado volveré a tener la piel delicada? ¡Si mi marido es anciano!". Entonces El Eterno le dijo a Abraham: "¿Por qué Sara se ha reído, diciendo: ¿De verdad tendré un hijo, a pesar de ser yo anciana?"» (Génesis 18, 12-13).

Es posible leer esta declaración muchas veces y pensar que no hay en ella nada extraño. Sin embargo, leyendo el texto con atención se observa que Sara dijo que su marido era anciano, y El Eterno le dijo a Abraham que Sara dijo que ella era anciana.

¿Por qué razón El Eterno modificó las palabras de Sara al transmitírselas a Abraham? ¿Por qué le dijo que Sara había dicho que ella era anciana, cuando ella había dicho que él, Abraham, era el anciano?

He aquí uno de los grandes misterios de la verdad. No es tan fácil como parece entender la verdad, por eso hay que transitar por el Sendero de la Verdad. Y la verdad está directamente asociada con la sensibilidad. Por eso Merlín le indicó al caballero transitar por el Sendero de la Verdad únicamente después de que había comenzado a recuperar la sensibilidad.

Cuando se transita por el Sendero de la Verdad, todas las dudas se aclaran. El maestro Rashi, que transitó por el Sendero de la Verdad, dijo acerca de la cita mencionada: se alteró el texto por la paz. Tal como consta en el Midrash: dijo Bar Kapara: «¡Cuán grande es la paz!». Observad que incluso en los versículos de la Biblia se habla inexactitud con el fin de provocar la paz entre el marido y su esposa, Abraham y Sara. Se aprende que es permitido modificar la veracidad de las palabras por un asunto de paz» (*véase* Talmud, tratado de Ievamot 65b; Midrash Rabá Génesis 48, 18). De este modo, eso que aparentemente no era verdad, se convierte en verdad.

La sensibilidad asociada a la verdad

Ahora bien, para hacer la paz entre las personas se requiere de sensibilidad y buenas cualidades. Y quien no las posea difícilmente pueda llegar a la cima del Sendero de la Verdad.

¿Recordáis que Elías se le aparecía al maestro Anán, y le enseñaba, y sus enseñanzas fueron recopiladas en el libro *Tana Dbei Elías*? Lo primero que le enseñó estaba vinculado con la sensibilidad y las buenas cualidades. Tal como consta en el comienzo del libro, donde se cita el versículo que declara: «El Eterno Dios lo echó –a Adán– del Jardín del Edén, para que trabajara el suelo del que fue tomado. Y al expulsar al hombre, Él colocó al este del Jardín del Edén los querubines y el filo de la espada giratoria para cuidar el camino que conduce al Árbol de la Vida» (Génesis 3, 23-24). Y el maestro, Elías, le dijo: «Para cuidar el Camino», se refiere a los caminos de la persona, sus cualidades. Se aprende que las buenas cualidades anteceden al Árbol de la Vida, que es la Torá (Tana Dbei Elías 1, 1).

Resulta que para transitar por el Sendero de la Verdad hay que adquirir buenas cualidades, y ser sensible con los demás. Por eso, cuando El Eterno dio la Torá a los Hijos de Israel, eligió a un hombre con buenas cualidades, sensible incluso con los animales, Moisés.

El maestro sensible

Moisés, poco después de nacer, fue puesto en las aguas del Nilo por un decreto del Faraón, ya que éste había ordenado matar a todos los niños hebreos que nacieran. Pero Batia, la hija del Faraón, lo rescató, y lo llevó al palacio real, donde creció.

Un día, Moisés deseó ver a sus hermanos hebreos, y salió hacia donde realizaban los trabajos. Allí vio a un egipcio que golpeaba a un hebreo, y Moisés mató al egipcio. Por eso, siendo muy joven —con 18 años— debió huir, pues el Faraón quería matarlo, como está escrito: «El Faraón escuchó acerca de este asunto e intentó matar a Moisés; Moisés huyó del Faraón y se asentó en la tierra de Midián» (Éxodo 2, 15). Después de la muerte del Faraón que lo quería matar, Moisés volvió y habló con el nuevo Faraón, y en ese entonces tenía ochenta años, como está escrito: «Moisés tenía ochenta años y Aarón tenía ochenta y tres años cuando hablaron con el Faraón» (Éxodo 7, 7).

Desde que salió hasta que volvió transcurrieron sesenta y dos años. ¿Dónde estuvo todo ese tiempo? Preparándose para transitar el Sendero de la Verdad, cultivando sus cualidades y su sensibilidad.

La preparación de Moisés

Antes de que Moisés huyera de Egipto los moradores de Oriente y Aram se habían rebelado contra Kikanos, el rey de Kush. El mandatario designó a Bilam en su lugar para que cuidara la ciudad en su ausencia y se encargara de todo lo relacionado con el reino. Después de hacerlo, salió inmediatamente con todas sus huestes para enfrentarse a los pueblos de Oriente y Aram, con el fin de restablecer el orden y someterlos nuevamente bajo su poder.

Mientras el rey estaba ausente, Bilam propuso a los pobladores de Kush que se rebelaran contra el rey Kikanos, y no lo dejaran entrar a la ciudad cuando llegara.

Los moradores de Kush aceptaron la propuesta, le juramentaron, y lo nombraron rey de Kush. Y a sus dos hijos los nombraron ministros de Defensa.

Ellos elevaron la altura de la muralla que protegía los dos extremos de la ciudad, para fortificar la edificación. En el tercer flanco cavaron pozos hasta el río, e hicieron correr las aguas del río sobre los pozos. Al cuarto flanco lo llenaron de serpientes a través de sus encantos y brujerías, cerrando completamente la ciudad.

El regreso del rey

El rey Kikanos regresaba a su ciudad triunfante, después de vencer al enemigo. Cuando se acercaron a la ciudad, los hombres del rey alzaron sus ojos, y vieron las altas murallas que habían levantado, sorprendiéndose mucho. Pero dijeron:

—Seguramente vieron que nos demorábamos y sintieron temor, por eso elevaron las murallas, y las fortificaron, para evitar que los reyes cananeos vengan a guerrear contra ellos.

El rey y sus hombres se aproximaron a la ciudad y advirtieron que todas las entradas estaban cerradas. Por eso llamaron a los guardias.

—¡Abrid para que podamos entrar a la ciudad! —les dijeron.

Pero los guardias se negaron a abrir siguiendo las órdenes de Bilam. Entonces, intentaron guerrear con los usurpadores, pero nada pudieron hacer contra ellos. En ese día cayeron en la contienda ciento treinta hombres del rey Kikanos.

Al segundo día atacaron nuevamente, esta vez por el flanco del río. Pero tampoco por allí pudieron entrar, pues cuando quisieron atravesar las aguas, caían en los pozos, ahogándose inmediatamente. Entonces, el rey ordenó cortar maderas y construir balsas para cruzar con ellas, pero cuando llegaban al sitio donde estaban los pozos, las aguas formaban remolinos y las balsas se hundían. En ese día se ahogaron doscientos hombres.

Al tercer día, intentaron guerrear por el cuarto flanco, donde estaban las serpientes, pero no pudieron acercarse, ya que las serpientes mataron a ciento setenta hombres. Después de estos intentos, desistieron de seguir combatiendo.

La ciudad sitiada

Kikanos y todos sus hombres no encontraron una alternativa mejor que sitiar la ciudad, y así lo hicieron. En esos días, llegaba Moisés procedente de Egipto, y se unió al ejercito de Kikanos. En poco tiempo se ganó la confianza del rey, pues demostró aptitudes para el combate, entrega y arrojo, como así sabiduría. Con el tiempo fue nombrado consejero del rey.

Tras nueve años de sitiar la ciudad, Kikanos falleció y sus hombres estuvieron de acuerdo en nombrar a Moisés como su nuevo rey. Moisés aceptó y se puso al frente de las tropas.

Al día séptimo desde su asunción, los guerreros se reunieron frente al rey, y se prosternaron ante él a tierra. Después expusieron ante Moisés sus inquietudes, le dijeron:

—Danos un consejo para saber qué hacer con esta ciudad, pues ya hace nueve años que la estamos sitiando, y en todo ese tiempo no hemos visto a nuestros hijos, ni a nuestras mujeres.

El rey les respondió:

—Si escucháis mi voz en todo lo que os ordenaré, El Eterno dará la ciudad en nuestras manos, y la conquistaremos, pues si intentamos combatir de la misma manera como lo hicimos antes de la muerte de Kikanos, caerán muchos hombres, tal como aquella vez. Y ahora, si lo deseáis, os daré mi consejo, y si oís mi voz, será entregada la ciudad en nuestras manos.

Los combatientes respondieron al unísono:

—¡Todo lo que nuestro señor ordene, tus siervos harán!

Las cigüeñas salvadoras

Moisés habló y dijo:

—Haced correr la voz por todo el campamento para que llegue la noticia a todo el pueblo, y decid: «Así ha dicho el rey: "¡Id al bosque y que cada uno traiga un pichón de cigüeña en su mano! Y todo aquel que no cumpla la orden del rey, y no traiga un pichón de cigüeña, será ajusticiado, y el rey tomará de él todas sus posesiones"».

Además les dijo:

—Cuando lo hayáis traído, deberéis cuidarlo y criarlo, hasta que crezca, y le enseñaréis a volar.

Todos los hombres de Kush oyeron al monarca, se levantaron, y pregonaron por todo el campamento:

—Sobre vosotros, hombres de Kush, habéis de cumplir la orden del rey, id todos a los bosques, y atrapad cada uno un pichón de cigüeña, y traedlos al campamento. Y todo aquel que no cumpla el mandato del rey, será ajusticiado, y le serán quitadas todas sus pertenencias.

Todos hicieron conforme a la ordenanza de Moisés, y al atardecer cada uno trajo un pichón de cigüeña en sus manos.

Los hombres criaron a sus pichones, y también les enseñaron a volar, conforme a la ordenanza del rey.

Cuando las aves crecieron, el rey ordenó que no las alimentaran durante tres días seguidos; y todos obedecieron.

Al tercer día, el rey dijo:

—Animaos y preparaos para la batalla; poneos vuestras ropas de combate, ceñid vuestras espadas, montad sobre vuestros corceles, y tomad cada uno su cigüeña en mano, pues atacaremos la ciudad por el flanco de las serpientes.

Todos los guerreros hicieron conforme a la ordenanza del rey, tomaron su cigüeña en mano, y partieron.

Cuando llegaron al sitio donde se hallaban las serpientes, el rey les dijo:

—Enviad vuestras cigüeñas sobre las serpientes.

Los combatientes obedecieron la orden, y las cigüeñas devoraron todos los reptiles. El camino quedó libre para atacar, e hicieron sonar el sonido de ataque.

Los guerreros embistieron contra la ciudad, batallaron, y la conquistaron, matando en ese día a todos los hombres que había en el interior que eran mil cien. Pero del ejército de Moisés no cayó ninguno. Así fue cómo los guerreros recuperaron a sus familias y posesiones.

Moisés fue rey de Kush durante cuarenta años. Era un mandatario ejemplar, muy apreciado por el pueblo. Pero la esposa de Kikanos, Adonia, que le había sido concedida a Moisés por mujer, se quejó, acusando a Moisés de no haberse allegado a ella todo el tiempo que fue rey, y también lo acusó de no practicar el culto idólatra de esos lugares. Como consecuencia de esta acusación, Moisés fue depuesto.

Así fue cómo tras permanecer en Kush durante cuarenta y nueve años, debió salir de allí para ir en búsqueda de un nuevo destino. Aunque ya no era el mismo que cuando llegó, pues se había convertido en un gran guerrero, y había adquirido una notable experiencia como rey de un pueblo multitudinario.

Moisés salió de la tierra de Kush con sesenta y siete años de edad. Se dirigió a Midián, pues temía regresar a Egipto, a causa del Faraón. Cuando llegó, se sentó junto a un manantial de aguas. En ese momento salían las siete hijas de Reuel a pastorear el rebaño de su padre. Ellas se acercaron al manantial, y extrajeron agua para dar de beber a las ovejas. Pero vinieron los pastores de Midián y las echaron. Entonces, Moisés se levantó, las salvó, y dio de beber a sus animales.

Ellas fueron a su padre y le dijeron:

—Un hombre egipcio nos salvó de los pastores, y también extrajo agua para nosotras y dio de beber a las ovejas.

Reuel dijo a sus hijas:

—¿Dónde está? ¿Por qué abandonasteis al varón?

Reuel envió por él, para que lo trajeran a su casa, y comiera pan con él.

Moisés fue encontrado y traído, y le relató su huida de Egipto, y su reinado en Kush durante cuarenta años, tras lo cual le quitaron el poder, enviándolo en paz y con grandes honores.

Reuel oyó y pensó que era un fugitivo, dijo:

—Colocaré a este hombre en prisión, y me ganaré la estima de ellos, pues seguramente huyó de allí.

Reuel lo atrapó, y metió en prisión. Y allí estuvo preso durante diez años. Pero todo ese tiempo Tzipora, la hija de Reuel, se apiadó de él, y le llevaba pan y agua todos los días.

Después de ese tiempo, Tzipora dijo a su padre Reuel:

—El hombre hebreo que has colocado en prisión hace ya diez años, no hay nadie que reclame por él, por eso, si te parece bien padre, envíame por favor, y veré si aún vive o ha muerto.

El padre no sabía que ella le llevaba alimento cada día, y por eso respondió a su hija:

—¿Es posible que ocurra algo así, afligir a un hombre durante diez años en prisión sin comida ni bebida, y que aún viva?

Su hija le respondió:

—Tú has oído que el Dios de los hebreos es poderoso y temible, que además hace a ellos maravillas a cada instante. Él salvó a Abraham del horno encendido en Ur Kasdim, y a Isaac de la espada de su padre, cuando se dispuso a ofrendarlo, a Jacob, del ángel, cuando se enfrentó con él en Maabar Iabok, y también a este hombre le hizo muchos milagros, cuando lo salvó del río Nilo, de la espada del Faraón, y de los habitantes de Kush, y también del hambre puede salvarlo y hacerlo vivir.

Reuel aceptó la propuesta de su hija y fue a ver. Cuando llegó se encontró con que el prisionero se hallaba de pie, y alababa y oraba al Dios de sus padres.

Reuel mandó sacar al hombre del pozo, cortar su cabello, y cambiar sus ropas; tras hacerlo, le sirvieron pan. Después Moisés descendió al jardín de Reuel que se encontraba detrás de su casa, y oró allí a El Eterno, su Dios, que hizo con él muchas maravillas. Cuando elevaba su plegaria, vio un cayado de zafiro clavado en el jardín. Se aproximó a él, y vio que estaba grabado sobre el mismo el Nombre de El Eterno, Dios de los ejércitos. Estiró su mano y lo tomó, desenterrándolo como quien arranca una hierba silvestre que creció entre las plantas.

Éste era el cayado con el cual fueron realizadas todas las maravillas de Dios después de haber creado los Cielos y la Tierra, y todas sus legiones, mares, ríos, y todos sus peces. Y cuando Dios expulsó a Adán del Jardín del Edén, él tomó el cayado en su mano, y salió a trabajar la tierra de la que había sido tomado. Este cayado llegó hasta Noé, que lo entregó a Sem, y a sus descendientes, hasta llegar a manos de Abraham el hebreo. Después, cuando Abraham dio todo lo que era de él a su hijo Isaac, entregó también este cayado. Y cuando Jacob huyó a Padam Aram, lo llevó en su mano, y cuando regresó a su padre, no lo abandonó. También cuando descendió a Egipto, lo llevó con él, y lo entregó a José. Cuando falleció José, y vinieron los ministros de Egipto a su casa, el cayado llegó a Reuel, el medianita, quien cuando abandonó Egipto, lo llevó con él, clavándolo en su jardín.

Todos los hombres fuertes de Keinim fueron sometidos a la prueba de intentar tomarlo, al solicitar a Tzipora, su hija, pero no pudieron, por lo que quedó insertado en el jardín de la casa de Reuel, hasta que viniera quien pudiera superar el examen. Y cuando el dueño de casa vio el cayado en manos de Moisés, se sorprendió y le dio a su hija Tzipora por esposa (Midrash Sefer Haiashar).

Hasta aquí habían transcurrido sesenta años de exilio de Moisés. En el primer año de casados Moisés y Tzipora engendraron el primer hijo, Guershon, y al año siguiente el segundo, Eliezer (*véase* Éxodo 18, 1-4).

La gran prueba

Evidentemente que Moisés estaba muy bien preparado para gobernar un pueblo, pues había adquirido gran experiencia durante su exilio. Sin embargo, Dios quería que el líder de Israel fuera una persona comprensiva y sensible, además de ser buen guerrero y poseer capacidad de gobernar. Por eso Dios probó a Moisés también en ese aspecto.

En el Midrash se narra cómo ocurrió: Moisés pastoreaba el rebaño de su suegro, y un corderito se escapó. Moisés lo persiguió hasta que lo alcanzó. En ese momento vio que el animal estaba bebiendo del lago.

—No sabía que estabas sediento, ahora seguramente estarás cansado por haber caminado tanto –le dijo–. Lo alzó en brazos y lo llevó de regreso al rebaño.

Dios vio esto y dijo:

—Tú eres piadoso con los animales, estás preparado para pastorear un rebaño de seres humanos.

Castillos supremos

Después de todos estos hechos, Moisés vio un fuego misterioso, que no quemaba, y allí mismo fue convocado por El Eterno para sacar a los Hijos de Israel de Egipto, como está escrito: «Él vio, y he aquí que la zarza ardía en el fuego, mas la zarza no se consumía

[...] El Eterno dijo: "Ciertamente he visto la aflicción de Mi pueblo que está en Egipto [...] Y ahora ve y te enviaré con el Faraón, y sacarás a Mi pueblo, los Hijos de Israel, de Egipto"» (Éxodo 3, 1-10).

Moisés fue y sacó a los Hijos de Israel, tal como Dios le había ordenado, y los llevó por el camino del desierto. Y en medio del desierto recibieron la Torá en el Monte Sinaí. Posteriormente Moisés subió a la Montaña, como está escrito: «Entonces yo subí a la montaña para recibir las Tablas de piedra, las Tablas del pacto que El Eterno entabló con vosotros, y permanecí en la montaña durante cuarenta días y cuarenta noches; pan no comí, y agua no bebí. Y El Eterno me dio las dos Tablas de piedra, escritas con el dedo de Dios, y sobre ellas estaba escrito según todas las palabras que El Eterno habló con vosotros en la Montaña, de en medio del fuego, el día de la congregación» (Deuteronomio 9, 9-10).

Cuando Moisés ascendió a lo Alto vio a los ángeles, los Castillos, los seres vivientes bestiales, y los dragones que lanzaban llamaradas de fuego. Pues en lo Alto hay Castillos del lado de la santidad y Castillos del Otro Lado, el de la maldad y la impureza. Ya que todo está en equilibrio, y lo que hay del lado del bien, lo hay del lado del mal, para que las personas venzan al mal y reúnan méritos para ascender a niveles supremos.

Éstos son los siete grandes Castillos de la santidad: el primer Castillo se denomina «Embaldosado de zafiro», y es un Castillo que está vinculado con el misterio del comienzo de los grados de la fe, y las visiones de los profetas verdaderos. En este Castillo hay luz, pero en los Castillos que están debajo de él, hay sólo oscuridad. Este Castillo está asociado al misterio de la Luna, que no tiene luz propia, pero se ilumina con la luz que capta del Sol. Asimismo, en este Castillo hay un guardián que está en la entrada y recibe a todas las almas que llegan para ver si son aptas para entrar. Y si el alma es apta, le abre la puerta y la deja entrar.

El guardián de la entrada de este Castillo controla, además, todas las plegarias que traspasan los Firmamentos y llegan a lo Alto para entrar ante el Rey. Y esta entrada está abierta para que entren por allí las plegarias de los poseedores de actitud de arrepentimiento y rectificación, derramando lágrimas en sus plegarias. Y todos los portales y las entradas están cerrados hasta que sean abiertos con permiso. Pues todas las plegarias entran con permiso, con excepción de estos portales que se denominan Portales de las Lágrimas, que siempre están abiertos para que las plegarias recitadas con lágrimas entren por allí sin permiso. Pues, al rectificarse, la persona se desprende de los entes impuros denominados *jitzonim,* los cuales se adhieren al cuerpo, formando una coraza que impide pasar la luz de la santidad. Así, con sus lágrimas, la persona rescata todas las plegarias y las buenas obras realizadas que estaban en poder de esos entes impuros, quebrantándolos, y rescatando de ellos los destellos de luminosidad que le pertenecen.

En este Castillo hay además numerosos ministros, siendo todos ellos fuego ardiente; tienen cetros de fuego en sus manos, y están llenos de ojos. Este Castillo es el comienzo de todos los Castillos de la santidad para ascender a los demás grados de la santidad (II Zohar 245a).

El segundo Castillo se denomina Esencia del Cielo. Este Castillo es oculto y recóndito, más que el primero, y hay en él tres entradas, las cuales corresponden con el misterio de los tres tipos de conducción: Bondad, Juicio y Misericordia. Estas tres entradas para entrar en estos tres flancos, dos de ellas, la del norte, y la del sur, están cerradas, y una, la del centro, está abierta. En la entrada abierta está el guardián que tiene en su mano una copa de Vida llena de irradiaciones de luminosidad, y da de beber a las almas que llegan allí.

El tercer Castillo se denomina Resplandor. Está dispuesto en un grado superior e irradia con la irradiación de luminosidad suprema, más que todos los primeros, pues este Castillo está más arriba que los anteriores en lo que respecta al grado de santidad. En este Castillo hay cuatro entradas, en correspondencia con el misterio de la conducción de la Bondad, el Rigor, la Ecuanimidad, y el Reinado. Una entrada está dispuesta en el flanco sur, o sea, el flanco sujeto a la conducción de la Bondad; y otra entrada está dispuesta en el flanco este, o sea, el flanco sujeto a la conducción de la Ecuanimidad; y una entrada está dispuesta en el flanco norte, o sea, el flanco sujeto a la conducción del Rigor; y otra entrada está dispuesta en el flanco oeste, o sea, el flanco sujeto a la conducción del Reinado. Y en cada entrada hay un guardián.

El guardián de la primera entrada, la del flanco sur, ejerce dominio sobre todos los escritos que salen del Tribunal del Rey y contienen las sentencias para juzgar al mundo. Es decir, los escritos que salen del Palacio de los Méritos, donde se encuentra el Tribunal de lo Alto. Y este ángel, el guardián de esta entrada del sur, tiene por misión invertir el juicio para bien a través de la bondad, en caso de que la persona se arrepienta y rectifique.

La segunda entrada está dispuesta en el flanco este, y de allí depende la Vida y también la Muerte. Pues ya que los escritos fueron rectificados como es debido en la primera entrada, la de la Bondad, aún aguardan para ser confirmados en la segunda entrada. Y allí el guardián de ese lugar sella todas las sentencias.

La tercera entrada, la del norte, está dispuesta para conocer el juicio de todos aquellos por los que pasa el juicio. Tanto los juicios de aquellos para quienes la sentencia indique la llegada de enfermedades, de dolores o de pobreza. O sea, todo juicio que no establece la muerte. Y si bien el juicio se lleva a cabo en el cuarto Castillo, que es el Castillo de los Méritos, aun así, esta entrada está dispuesta para saber qué flagelos sobrevendrán a la persona, con el fin de limpiarla y purificarla de las manchas de sus malas acciones. Y todo el tiempo durante el cual la entrada permanece abierta es posible anular el decreto.

La cuarta entrada, la del oeste, está dispuesta para proyectar curación, y se denomina Entrada de la Curación. Allí hay un guardián, como en las demás entradas, y en ese lugar están todas las curaciones del mundo y el origen de todas las medicinas, para ser proyectadas a lo bajo y llevadas a los enfermos. Y ese encargado está dispuesto además para hacer ascender e ingresar las plegarias de todos esos poseedores de dolores, enfermedades y aflicciones. Y el ángel asciende con todas esas plegarias, y las hace entrar ante El Santo, Bendito Sea, logrando el vínculo supremo particular a través de la plegaria, y atrayendo curación para esa persona que emitió la plegaria.

El cuarto Castillo se denomina Castillo de los Méritos. Este Castillo es diferente de todos los demás, pues todos los demás Castillos están asociados al atributo de la Misericordia, pero éste está asociado al atributo del Rigor y el Juicio. Y en este Castillo hay incluidos cuatro Castillos, que son diferentes uno del otro. Y todos conforman un Castillo, pues todos están incluidos en el gran Castillo, que es el Castillo de los Méritos. En este Castillo están todos los Conocimientos, y los ángeles de allí hacen la cuenta de todas las obras del mundo.

El quinto Castillo se denomina Castillo del Amor, el sexto Castillo se denomina Castillo de la Voluntad, y el encargado de este Castillo es el ángel Raziel. El séptimo Castillo, que está en la cima, se denomina Kodesh Hakodashim, y su nombre significa Santidad de Santidades.

Estos Castillos incluyen a todos los Castillos que hay debajo, pues hay un nivel supremo, denominado Atzilut, que está lleno de Castillos, y debajo hay otros tres niveles, denominados Briá, Ietzirá y Asiá, que también están llenos de Castillos. Y los Castillos en los que debía entrar el caballero para aprender lo que debía aprender estaban vinculados con esos Castillos. Pero para poder encontrarlos debía marchar por el Sendero de la Verdad.

VI

El viaje a lo desconocido

EL CABALLERO REFLEXIONÓ sobre lo que le había dicho Merlín. La única manera de quitarse la armadura era, por lo visto, seguir el Sendero de la Verdad.

—Está bien —dijo con resignación. Probaré el Sendero de la Verdad.

El caballero quiso ir a buscar su caballo pero Merlín le dijo que lo dejara, en ciertos tramos el camino era demasiado estrecho para pasar un caballo. Además le dijo que Ardilla lo acompañaría. Y también la paloma Rebeca se ofreció a ir con él. Merlín le dijo, asimismo, que dejara la espada, pues no la iba a necesitar. Después le entregó una llave dorada para abrir los tres Castillos que bloquearían su camino, y le dijo los nombres de los tres Castillos y lo que debía hacer:

—El primer Castillo se llama Silencio; el segundo Conocimiento y el tercero Voluntad y Osadía. Una vez hayáis entrado en ellos, encontraréis la salida sólo cuando hayáis aprendido lo que habéis ido a aprender.

En cuanto a la llave, no era una común, como todas las demás llaves. Ésta era dorada, por los destellos de luminosidad que irradiaba, y no tenía metal. Estaba sujeta a la voluntad y los conocimientos, y pronunciando las palabras que se debían pronunciar, se abrían los portales de los Castillos, y se entraba a donde se deseaba entrar *(véase* II Zohar 260b).

El comienzo del camino

Merlín le dijo al caballero que si lo necesitaba lo llamara, y después desapareció. El caballero emprendió la marcha con sus dos fieles amigos, Ardilla y Rebeca. Después de unas horas, el caballero estaba agotado y había oscurecido, por lo que decidieron parar para dormir.

A la mañana siguiente lo despertó el Sol cayendo sobre sus ojos. Hizo un esfuerzo por sentarse y, de repente, se dio cuenta de que podía ver mucho más que el día anterior, y que podía sentir la fresca brisa en sus mejillas. ¡Una parte de su visera se había roto y se había caído!

—¿Cómo habrá sucedido? —se preguntó.

—Se ha oxidado y se ha caído —dijo Ardilla.

—Pero ¿cómo? —preguntó el caballero.

—Por las lágrimas que derramasteis después de ver la carta en blanco de vuestro hijo —dijo Rebeca.

—¡Eso es! —gritó—. ¡Las lágrimas de auténticos sentimientos me liberarán de la armadura!

Se puso de pie más rápido de lo que había hecho en años.

—¡Ardilla! ¡Rebeca! —gritó—. ¡Espabilad! ¡Vamos al Sendero de la Verdad!

El castillo del silencio

¿Qué gran desafío aguardaba al caballero en el Castillo del Silencio? Es sabido que en el pasado las personas debían ir al Castillo del Silencio por herir los sentimientos de otras personas, difamándolas, o haciéndolas sufrir con palabras hirientes, aunque lo que se hubiera dicho fuera verdad. Y también lo debían hacer los que habían actuado con altanería (*véase* Talmud, tratado de Arajin 16a).

A la persona que había hecho eso le salía una llaga impura, o muchas, y en algunos casos eran tantas que parecían una armadura. Cuando se descubría esa llaga, la persona que la tenía debía irse al Castillo del Silencio, a vivir en solitario fuera del campamento, sin cortar su cabello, como está escrito: «Y la persona que estuviese afectada de llaga impura, sus vestimentas serán desgarradas, su cabellera no será cortada y se cubrirá hasta los labios; y deberá proclamar: "¡Impuro, impuro!". Todos los días que la afección esté en él, será impuro; es impuro, y residirá aislado; su lugar de residencia estará fuera del campamento» (Levítico 13, 45-46).

Allí, viviendo en soledad, debía aprender a escuchar y entender el silencio, a sentir la soledad que había provocado en otras personas con sus palabras hirientes y deprimentes, o con su actitud soberbia y altanera. Meditación, introspección, arrepentimiento, y rectificación, ésa era la misión.

La persona podía pasar mucho tiempo en medio de esa soledad, todo el tiempo que la llaga permaneciese sobre su cuerpo. Y sólo cuando desaparecía y no se la veía más sobre su piel, podía regresar a vivir con los demás miembros de la sociedad.

¿El caballero debía ir al Castillo del Silencio para hacer una profunda introspección y corregirse como estas personas? Después de todo, a la armadura ya la tenía, como así el pelo y la barba crecidos, y había herido sentimentalmente a su mujer e hijo, y también a otras personas.

La llegada y el desafío

El caballero estaba ansioso por llegar al Castillo del Silencio, quería deshacerse de esa molesta armadura y volver a vivir en sociedad.

Cuando llegaron, Ardilla le dijo al caballero que debía entrar solo. El caballero estaba temeroso, pero no desesperó, reunió fuerzas y entró.

Una vez adentro, advirtió que no había ninguna puerta que lo condujera hacia otras áreas del Castillo. También percibió un extraordinario y aterrador silencio.

Inesperadamente se encontró con el rey. El caballero habló con él, pero rápidamente lo abandonó saliendo por una puerta invisible que halló en medio de la pared. El caballero fue tras él y quiso hacer lo mismo, pero no vio ninguna puerta. Se quedó solo. Estaba deprimido y no sabía cómo encontrar la puerta que conducía al siguiente compartimiento.

El caballero sintió miedo de estar solo, se quedó quieto y escuchó el silencio. Entonces se dio cuenta de que, durante la mayor parte de su vida, no había escuchado realmente a nadie ni a nada. Fue en ese momento cuando entendió que no había oído a Julieta, cuando ella intentaba decirle cómo se sentía; especialmente cuando estaba triste. Le hacía recordar que él también estaba triste. De hecho, una de las razones por las que había decidido dejarse la armadura puesta todo el tiempo era porque así ahogaba la triste voz de Julieta. Todo lo que tenía que hacer era bajar la visera y ya no la oía. Julieta debía de haberse sentido muy sola hablando con un hombre envuelto en acero; tan sola como él se había sentido en esa lúgubre habitación. Su propio dolor y su soledad afloraron.

Comenzó a sentir el dolor y la soledad de Julieta también. Durante años, la había obligado a vivir en un Castillo de silencio. Se puso a llorar. Lloró tanto que casi se ahoga en medio de sus propias lágrimas.

Verdad eterna y actual

¡Qué gran verdad había descubierto el caballero! Una realidad eterna y actual.

Los investigadores han revelado que los trastornos depresivos interfieren acentuadamente en la vida de aquellos que los padecen. Inciden en casi todas sus actividades y acciones. Y por si fuera poco, no les causan dolor y sufrimiento únicamente a ellos, sino también a sus familiares, amigos, y a todos sus seres queridos. La depresión puede destruir tanto la vida de la persona enferma como la de su familia.

Por esta razón en la Torá se da tanta importancia a la comunicación y al buen hablar. La comunicación forma parte de la esencia del ser humano, como está escrito: «El Eterno Dios hizo al hombre del polvo de la tierra, y espiró en su nariz alma de vida; y el hombre fue un ser viviente –*nefesh jaia*–» (Génesis 2, 7). Esta declaración revela que el hombre posee alma de vida, al igual que todos los demás seres vivientes, pero también tiene facultades cognitivas y capacidad de hablar –*nefesh jaia*–. Tal como Onkelus traduce al arameo: *ruaj memalelá*. Esta expresión significa: «capacidad de hablar». La persona fue creada con las facultades necesarias para comunicarse con los demás miembros de su especie y vivir en sociedad, siendo éste un principio elemental de toda la creación.

Por tal razón los que emiten palabras hirientes, aunque las mismas sean verdad, han de irse a vivir en solitario, fuera del campamento, al Castillo del Silencio.

Pero quien escucha el silencio y aprende la lección recibe una gran recompensa por su rectificación. Ya que alcanzará un nivel más alto del que tenía antes de fallar. Por eso se coloca sangre de una ofrenda en la parte media de la oreja derecha de la persona que es purificada, y en el pulgar de su mano derecha y en el pulgar de su pie derecho *(véase* Levítico 14, 14), pues la sangre recuerda la altanería, y el herir al hablar, que es como derramar sangre.

Pero como esta persona después se arrepintió y rectificó, se coloca aceite sobre todos los lugares en los que se había colocado sangre. Y el vertido del aceite sobre la sangre indica el derramamiento de la abundancia de lo Alto sobre esta persona que se corrigió y purificó.

Pero eso no es todo. No sólo los órganos que estuvieron involucrados en la mala acción recibirán la abundancia de lo Alto, pues a continuación está escrito: «Y el resto del aceite que hay en la palma del sacerdote, lo colocará en la cabeza de la persona que es purificada» (Levítico 14, 18). Ese óleo representa incremento adicional de la abundancia Divina sobre esa persona, pues se ha superado y merece una distinción especial (Alshij). Y los sabios enseñaron: en el lugar en el que se sitúan quienes se rectifican, los justos íntegros no se sitúan, como está escrito: «Paz, paz para el que está lejos y para el cercano, dijo El Eterno; y lo sanaré» (Isaías 57, 19). Se menciona en primer lugar al que estaba lejos, y después al cercano (Talmud, tratado de Berajot 34b).

Esto es así incluso en el peor de los casos, como el de Elazar, hijo de Durdaia, que llevaba una vida repudiable, y conocía a todas las mujeres indecentes de la región donde vivía. Un día el hombre se enteró de que había una meretriz que aún no conocía, y le dijeron que para conocerla se debía pagar mucho dinero, y además, para llegar hasta su casa había que cruzar siete ríos.

De todos modos quería conocerla. Cogió el dinero, emprendió la marcha, y atravesó los siete ríos. Al llegar entró, y cuando estaba con ella, expelió una ventosidad del vientre.

—Así como esa ventosidad ya no regresará a su lugar, lo mismo ocurrirá con Elazar, el hijo de Durdaia, no le aceptarán el arrepentimiento –dijo la mujer.

El hombre salió de allí, y se sentó entre dos montes y colinas. Les pidió:

—Montes y colinas, pedid clemencia por mí, para que se apiaden de mí en los Cielos.

—Antes de pedir por ti, debemos pedir por nosotros mismos, como está escrito: «Los montes colapsarán, y las colinas caerán debilitadas» (Isaías 52, 10).

Se dirigió entonces a los Cielos y la Tierra. Les pidió:

—Pedid clemencia por mí.

—Antes de pedir por ti, debemos suplicar por nosotros mismos, como está escrito: «Los Cielos como el humo se consumirán, y la Tierra como las ropas se desgastará» (Isaías 51, 6).

Se dirigió al Sol y a la Luna, les dijo:

—Sol y Luna: pedid clemencia por mí.

—Antes de pedir por ti, debemos suplicar por nosotros mismos, como está escrito: «Será debilitada la luz de la Luna, y el Sol avergonzado al ser disminuido su poder» (Isaías 24, 23).

Se dirigió a las estrellas y los astros, les dijo:

—Pedid clemencia por mí.

—Antes de pedir por ti, debemos suplicar por nosotros mismos, como está escrito: «Se fundirán todos los ejércitos de los Cielos» (Isaías 34, 4).

—Todo depende sólo de mí —se dijo. Colocó el rostro entre sus rodillas y estalló en llanto. Permaneció así, gimiendo, hasta que su alma se desprendió del cuerpo. Entonces, se oyó una voz proveniente del Cielo que decía: «Rabí Elazar, hijo de Durdaia, está invitado a vivir en el Mundo Venidero».

Rabí Iehuda lloró y dijo:

—Hay quien adquiere su Mundo –venidero– en varios años, y quien lo hace en solo un instante.

También agregó:

—¿No les basta a los que se arrepienten con ser aceptados por la Corte Celestial, sino que además se los llama Rabí? (Talmud, tratado de Avodá Zará 17a).

La misteriosa puerta pequeña

Ciertamente que la rectificación es posible, y tal como dijimos, al rectificarse se puede alcanzar un nivel altísimo, sublime. Por eso, después de que el caballero comprendiera el sufrimiento que le había causado a Julieta, y después de llorar, se abrió otra puerta que conducía a una sala más pequeña que todas las anteriores.

—Me pregunto por qué las habitaciones son cada vez más pequeñas –dijo en voz alta.

Una voz replicó:

—Porque os estáis acercando a vos mismo.

Sobresaltado, el caballero miró a su alrededor. Estaba solo, o eso había creído. ¿Quién había hablado?

—Tú has hablado –dijo la voz como respuesta a su pensamiento. La voz parecía venir de dentro de sí mismo. ¿Era eso posible?

—Sí, es posible –respondió la voz–. Soy tu yo verdadero.

—He vivido durante todos estos años sin oír ni una palabra sobre ti. Ahora que oigo, lo primero que me dices es que tú eres mi verdadero yo. ¿Por qué no me habías hablado antes?

—He estado aquí durante años —replicó la voz—, pero ésta es la primera vez que estás lo suficientemente silencioso como para oírme.

—Quiero saber cómo debo llamarte —dijo el caballero.

—¿Llamarme? —preguntó la voz, perpleja—. ¡Pero si yo soy tú!

—No puedo llamarte yo. Me confunde.

—Está bien. Llámame Sam.

El propio yo

Así fue cómo el caballero conoció a su propio yo. Pero, ¿qué es el propio yo?

El Eterno creó al hombre en el mundo y puso en él una sustancia espiritual e inmortal, o sea, un alma existencial y un espíritu. Con estos dos vínculos se conecta con lo Alto, como está escrito: «Mi alma te he deseado en la noche; también mi espíritu, mientras permanezca dentro de mí, madrugará por ti» (Isaías 26, 9).

El alma existencial —*nefesh*— está vinculada con la existencia y el mantenimiento del cuerpo, con el fin de que la persona se despierte para realizar buenas obras y preceptos. El espíritu —*ruaj*— despierta a la persona a estudiar la Torá, y a comportarse correctamente en este mundo. Y si la persona lo merece, porque sacó provecho como es debido de su alma existencial y de su espíritu, recibe dos grados más, un alma suprema denominada *neshamá*, y otra que la recubre y se denomina *neshamá* de *neshamá*. Este último grado de alma rodea a la persona de luz, y la despierta para comprender la sabiduría suprema, con el fin de que pueda entrar en el Castillo del Rey. Estos cuatro niveles de alma corresponden con las cuatro letras del Nombre de El Eterno, el Tetragrama (Zohar Rut 100b). Ése es el propio yo.

Ahora bien, así como El Eterno creó un alma, y un espíritu del flanco de la santidad, también creó un espíritu y un alma del flanco de la izquierda, que es el flanco de la impureza. Esta alma y este espíritu se denominan «animales», pues tienen tendencias impulsivas similares a los de los animales.

Esto se puede comparar con el vino que está sobre el poso, y así se conserva; del mismo modo ocurre con el alma y el espíritu cognitivos, están sobre el alma y el espíritu animales, y así se mantienen en el cuerpo. Y así como el vino sin el poso no se puede mantener, lo mismo ocurre con el alma y el espíritu cognitivos, no se podrían mantener si no estuvieran sobre el alma y el espíritu animales (Zohar Rut 92a).

El león de fuego

Para comprenderlo, observemos este suceso ocurrido cuando los hebreos regresaron a Israel después de estar en el exilio babilónico durante setenta años. Al volver, Esdras formó la Gran Asamblea, para decidir sobre todos los temas vinculados con la conducción del pueblo.

Los hombres de la Gran Asamblea pidieron la anulación del instinto que instaba a practicar la idolatría, pues ésta había causado la destrucción del primer Templo Sagrado. Ayunaron durante tres días y tres noches, y recibieron la aprobación de lo Alto. Entonces, salió un aspecto como cachorro de león de fuego del Lugar Santísimo del Templo Sagrado denominado Kodesh Hakodashim.

—Éste es el instinto de la idolatría –dijo el profeta Zacarías.

Cuando lo atraparon se soltó uno de sus pelos. En ese momento el cachorro de león lanzó un fuerte bramido, y su voz se propagó a una distancia de cuatrocientas parasangas.

—¿Qué haremos? –dijeron–. ¡Quizá desde los Cielos se apiadarán de él!

—Ponedlo en un recipiente de plomo, y selladlo con plomo, pues ese metal absorbe la voz –les dijo el profeta. Como está escrito: «Y él dijo: "ése es el Mal"; y lo arrojó dentro del recipiente, y echó la masa de plomo en la boca del recipiente» (Zacarías 5, 8).

Los hombres de la Gran Asamblea vieron que era un momento de buena voluntad en lo Alto, y quisieron orar pidiendo neutralizar también el instinto que instaba a las personas a mantener relaciones prohibidas.

Oraron, y su solicitud fue aprobada. Ese instinto fue entregado en sus manos para que lo destruyeran. Pero el instinto les dijo:

—Ved, si me matáis, se acabará el mundo.

Lo encerraron durante tres días para ver qué sucedía. En esos días buscaron en toda la Tierra de Israel un huevo que hubiera sido puesto en el día y no hallaron ninguno.

—¿Qué haremos? –dijeron los sabios–. Si lo eliminamos se acabará el mundo.

Por eso sólo lo disminuyeron, para evitar las tentaciones de mantener relaciones prohibidas, le bloquearon la visión, y lo dejaron (Talmud, tratado de Ioma 69b).

A partir de este relato apreciamos que el alma y el espíritu animales son necesarios. Pues si no existiesen, las personas no se preocuparían de la procreación de la especie, tampoco de su alimentación, ni de lo necesario para mantener el cuerpo.

¿Y por qué esta alma y este espíritu se denominan «animales»? Porque provienen del flanco del ente cósmico maligno *Samej Mem* y la serpiente, que son el aspecto masculino y femenino del Otro Lado, el del mal y la impureza. Y el alma y el espíritu cognitivos se mantienen arriba, como el vino, en tanto que el

alma y el espíritu animales, están abajo como el poso.
A esto se refiere lo que está escrito: «¿Quién conoce
el espíritu de los hombres que asciende hacia arriba,
y el espíritu del animal que desciende abajo a la tierra?» (Eclesiastés 3, 21) (Zohar Rut 92a).

La salida mágica

Antes de que el caballero hablara con Sam, conocía
sólo a su alma animal, pero ahora supo que existía
su propio yo. Y ésa era una muy buena noticia, pues
ahora sabía que debía empezar a conocerse a sí mismo.

Después de hablar con Sam se le cerraron los ojos
mientras se sumergía en un profundo y dulce sueño.
Cuando despertó abrió los ojos y vio que se encontraba sobre el Sendero de la Verdad, al otro lado del
Castillo del Silencio.

—¿Cómo salí de allí? –preguntó.

Rebeca le respondió:

—De la única manera posible: pensando.

El caballero se rascó la cabeza, pero tardó un
momento en darse cuenta de que en realidad estaba rascando su propia piel. Se llevó las dos manos
envueltas en acero a la cabeza. ¡Su yelmo había des-
aparecido! Se tocó la cara y la larga barba.

—¡Ardilla! ¡Rebeca! –gritó.

—Ya lo sabemos –dijeron en un alegre unísono.

—Habéis debido de llorar otra vez en el Castillo del Silencio —le dijo Ardilla.

—Lo hice —replicó el caballero—. Pero, ¿cómo puede haberse oxidado todo un yelmo en una noche?

—No estuvisteis sólo una noche en el Castillo —le dijo Ardilla.

—Permanecisteis en el Castillo durante mucho, muchísimo tiempo —afirmó Rebeca.

VII

El Castillo del Conocimiento

EL CABALLERO ESTABA ANSIOSO por seguir la marcha. Por eso, sin perder tiempo, el singular trío se volvió a internar en el Sendero de la Verdad, en dirección al Castillo del Conocimiento. Se detuvieron tan sólo dos veces ese día, una para comer y otra para que el caballero afeitara su escuálida barba y cortara su largo cabello con el borde afilado del guantelete.

Justo antes de caer la noche vieron el Castillo del Conocimiento. Al llegar el caballero habló otra vez con Sam.

—¿Qué te parezco ahora que me he afeitado y me he cortado el pelo?

—Es la primera vez que sacas provecho de ser esquilado –le dijo.

¿Por qué Sam le dijo que sacaba provecho de ser esquilado? Probablemente tenía que ver con lo que está escrito: «Al séptimo día rasurará todo su pelo, su cabeza, su barba […]» (Levítico 14, 9).

Pues, como dijimos, a una persona que había herido con palabras hirientes, le salía una llaga y debía irse a vivir en solitario al Castillo del Silencio. Y cuando recapacitaba y tomaba conciencia de lo que había hecho, la llaga desaparecía, y entonces debía purificarse. Y esta purificación incluía varios pasos extraños, como el mencionado, o este otro: «Y para la persona a la que se purifica se tomarán dos pájaros puros, vivos, madera de cedro, hebra carmesí e hisopo» (Levítico 14, 4). Y todo tenía una razón misteriosa.

Se traía a los pájaros porque las llagas impuras aparecen por habladurías, y la tendencia de los pájaros es parlotear constantemente con el piar de su voz. Y se traía a la madera de cedro porque las llagas impuras aparecen también por la altanería. Ya que ése es el factor determinante que lleva a una persona a hablar mal del prójimo, considerándolo menos que él. Resulta que la altanería es el punto de partida de la difamación *(véase* Rashi, Divrei David).

En cuanto a la madera de cedro, se traía también para recordar que se creyó grande y fuerte, como el cedro, pero ahora que se había arrepentido deberá ser humilde, bajando a la altura del hisopo y el gusano, del cual se extrae la tintura para teñir la hebra carmesí, y ése será su remedio *(véase* Rashi).

También el afeitado del cabello de la cabeza y la barba tiene su razón misteriosa. El cabello de la cabeza, porque está en el lugar más alto del cuerpo, en memoria de su altanería, y se afeitaba para limpiarse de esa actitud altanera que tuvo. Y la barba, porque rodea la boca, el órgano utilizado para hablar palabras hirientes contra otras personas (Kli Yakar).

Así vemos que no en vano Sam le dijo al caballero que había sacado provecho de ser esquilado. En verdad, todo lo que le decía era muy sabio y cierto.

La entrada misteriosa

Después de hablar con Sam, el caballero fue al Castillo del Conocimiento, abrió la puerta con la llave dorada, y entró. También Ardilla y Rebeca entraron con él. Penetraron en una oscuridad muy densa. Ardilla mostró al caballero una inscripción brillante en la que se leía: «El conocimiento es la luz que iluminará vuestro camino».

Después Ardilla señaló otra brillante inscripción grabada en la pared: «¿Habéis confundido la necesidad con el amor?»

El caballero trató de descifrarlo. Sabía que amaba a su hijo y a Julieta, pero tenía que admitir que la había amado más antes de que le diera por ponerse bajo los toneles de vino y vaciar su contenido en su boca.

—Sí, amabais a Julieta y a vuestro hijo, pero, ¿no los necesitabais también? —le preguntó Sam.

—Supongo que sí —admitió el caballero.

Había necesitado toda la belleza que Julieta le añadía a su vida con su inteligencia y su encantadora poesía. También había necesitado las cosas agradables que ella solía hacer. Recordó su aspecto agotado mientras llevaba sus pertenencias de un Castillo a otro, cuando debieron mudarse, y cómo se había puesto cuando se vio imposibilitada de tocarlo a causa de la armadura.

—¿No fue entonces cuando Julieta comenzó a ponerse bajo los toneles de vino? –preguntó Sam suavemente.

El caballero asintió, y las lágrimas brotaron de sus ojos. Después, se le ocurrió algo espantoso: no había querido culparse de las cosas que hacía. Había preferido culpar a Julieta por todo el vino que bebía. En verdad, le venía bien que ella bebiera, así podía decir que todo era por su culpa, incluyendo el hecho de que él estuviera atrapado en la armadura.

A medida que el caballero se iba dando cuenta de lo injusto que había sido con Julieta, las lágrimas iban cayendo por sus mejillas. Sí, la había necesitado más de lo que la había amado. Mientras continuaba llorando, pensó que también había necesitado a su hijo más de lo que lo había amado. Un pensamiento le vino a la mente como un relámpago: «¡Había necesitado el amor de Julieta y su hijo porque no se amaba a sí mismo!». De hecho, había necesitado el amor de todas las damiselas que había rescatado y de toda la gente por la que había luchado en las cruzadas porque no se amaba a sí mismo.

El caballero lloró aún más al darse cuenta de que si no se amaba, no podía amar realmente a otros. Su necesidad de ellos se interpondría. Al admitir esto, una hermosa y resplandeciente luz brilló a su alrededor, ahí donde antes había habido oscuridad.

Había descubierto el secreto de los secretos, el secreto de la felicidad y el amor: «Ama a tu prójimo como a ti mismo» (Levítico 19, 18).

¿Cómo puedes amar a otros si tú no te amas? Por eso está escrito: «como a ti mismo». Debes amarte para amar a los demás como a ti mismo.

El maestro Akiva dijo al respecto:

—Ésta es una gran regla de la Torá (Talmud de Jerusalén, tratado de Nedarim 9, 4; Rashi).

El sabio Hilel también se refirió a éste asunto de modo similar, pues cuando un hombre vino a él y le pidió que le enseñara toda la Torá mientras permanecía de pie sobre un solo pie, le dijo:

—Lo que aborreces que te hagan a ti, no lo hagas a tu prójimo. Ésa es toda la Torá, todo lo demás son explicaciones (Talmud, tratado de Shabat 31a).

La piedra angular de la felicidad

Después de descubrir este secreto, una mano se posó suavemente sobre el hombro del caballero. Miró a través de sus lágrimas y vio a Merlín que le sonreía.

—Habéis descubierto una gran verdad –le dijo–. Sólo podéis amar a otros en la medida en que os amáis a vos mismo.

—¿Y cómo hago para empezar a amarme? –preguntó el caballero.

—Ya habéis empezado, al saber lo que ahora sabéis –dijo Merlín.

El secreto triunfal

Evidentemente, éste es el gran secreto que debe conocerse para alcanzar la felicidad, amarse y amar a los demás. Y para eso hay que pensar siempre en positivo, como el maestro Akiva, quien daba el ejemplo en persona y lo transmitía a todo cuanto podía, e instaba a las parejas a amarse y ser felices, evitando así muchos divorcios (*véase* Mishná, tratado de Guitín 9, 10).

El maestro Akiva era un ejemplo viviente de amor y pensamiento positivo, e incluso antes de ser maestro tenía la virtud de ver siempre el lado bueno de las cosas.

En el Talmud se cuenta que una vez atravesaba una situación económica muy mala y necesitaba dinero para sustentar a su familia. Por eso descendió de la Alta Galilea para buscar empleo. Llegó al sur y allí fue contratado por el propietario de un campo por tres años.

Cuando se cumplió el tiempo pactado, en la víspera del Día del Perdón, le dijo al patrón:

—Dame mi paga, así me marcharé y sustentaré a mi esposa y a mis hijos.

—No tengo dinero –le dijo el empleador.

—Entonces dame frutas.

—No tengo.

—Dame tierras.

—No tengo.

—Dame animales.

—No tengo.

—Dame mantas y almohadas.

—No tengo.

El empleado echó sus pertenencias sobre su hombro, y se fue a su casa angustiado.

Después de la Fiesta de las Cabañas, el empleador tomó la paga que le correspondía al empleado por los tres años que había trabajado para él. Asimismo tomó tres burros cargados, uno con alimentos, otro con bebidas, y el tercero con dulces. Y emprendió la marcha hacia la Alta Galilea, donde vivía su empleado.

Cuando llegó comieron y bebieron, y le dio la paga, todo lo que le adeudaba. Después le preguntó:

—Cuando me solicitaste: «Dame mi paga, así me marcharé y sustentaré a mi esposa y a mis hijos», y yo te dije: «No tengo dinero», ¿qué sospechaste de mí?

—Pensé que se te presentó una oportunidad única, la posibilidad de adquirir una mercancía a un muy bajo precio, y supuse que la adquiriste con ese dinero –dijo el empleado.

—Y cuando me solicitaste que te diese animales, y te dije que no tenía, ¿qué sospechaste de mí?

—Pensé que los tenías alquilados a terceros.

—Y cuando me solicitaste que te diese tierras, y te dije que no tenía, ¿qué sospechaste de mí?

—Pensé que las habías concedido en arriendo.

—Y cuando me solicitaste que te diese frutas, y te dije que no tenía, ¿qué sospechaste de mí?

—Pensé que estaban sin diezmar.

—Y cuando me solicitaste que te diese mantas y almohadas, y te dije que no tenía, ¿qué sospechaste de mí?

—Pensé que habías consagrado todos tus bienes al Santuario.

—Juro que fue así –dijo el dueño del campo. Y le contó lo que había ocurrido:

—Hice un voto a través del cual me comprometí a donar todos mis bienes por mi hijo Orkenus, que no quiere ocuparse de la Torá. Y cuando fui a ver a mis compañeros del sur, que son grandes sabios, ellos me destrabaron la promesa e hicieron que todos mis bienes regresaran a mí. Y en cuanto a ti, así como me has juzgado favorablemente, ¡que el Omnipresente te juzgue a ti favorablemente!» (Talmud, tratado de Shabat 127b; Iafe Einaim).

Después el maestro Akiva conoció a Raquel, que decidió cambiar toda su herencia por él. Pues el padre de ella no estaba de acuerdo en que se casara con un campesino iletrado. Pero ella vio su potencial y lo animó a que estudiara. Ambos se fueron a vivir a una gruta y dormían tapados con hojarasca. Él estudiaba y la amaba; por la mañana quitaba la hojarasca que se había enredado entre los cabellos de su esposa, y le decía:

—Si tengo dinero en el futuro, te haré una Jerusalén de oro (Talmud, tratado de Nedarim 50a).

Más tarde fue a estudiar Torá con importantes maestros y cuando volvió tenía 24 mil alumnos. Y no sólo eso, sino que compró a su esposa una Jerusalén de oro, y la trataba como a una reina. Y ella salía ataviada como una reina (Avot de Rabí Natán 6, 2).

Una gran comparación

Este hombre se convirtió en un gran maestro, tan grande que se lo comparó con Moisés. El maestro Iehuda enseñó en el nombre de Rav: cuando Moisés subió a los Cielos para recibir la Torá, halló a El Eterno añadiendo coronas a las letras.

—¿Por qué añades coronas a las letras? –preguntó Moisés.

—Después de varias generaciones vendrá al mundo un hombre llamado Akiva, el hijo de José. Él en el futuro disertará a partir de cada espinillo de las coronas de las letras innumerables enseñanzas –le dijo El Eterno.

—Muéstramelo –pidió Moisés.

—Vuélvete hacia atrás.

Y El Eterno transportó a Moisés en el tiempo para mostrarle al maestro Akiva. Moisés caminó por la casa de estudios y se sentó al final de ocho hileras de discípulos que estaban sentados frente al maestro Akiva, escuchando sus enseñanzas. Pero Moisés no comprendía lo que decían, los temas que discutían. Esto provocó que decayera su ánimo. Aun así, siguió escuchando.

En medio de la enseñanza, el maestro Akiva llegó a un asunto profundo en el que debía aportar una prueba, y los discípulos le dijeron:

—Maestro, ¿de dónde deduces lo que has enseñado?

—Este tema que he enseñado está basado en una ley enseñada por Moisés que la recibió en el Monte Sinaí –dijo el maestro.

En ese momento se aplacó el ánimo de Moisés.

Después de apreciar esto Moisés volvió ante El Eterno y le dijo:

—¡Amo del universo! ¿Tienes un hombre como éste que me has mostrado y entregas la Torá a través de mí?

—¡Calla! ¡Así ha de ser, pues así ha sido determinado en mi pensamiento; y tú no puedes captar ni comprender los misterios intrínsecos de Mi pensamiento! –dijo El Eterno (Talmud, tratado de Menajot 29b).

El maestro Akiva se convirtió en un guía espiritual único y ejemplar. Siempre enseñaba sobre el amor y la bondad, y también, que todo es para bien.

Una vez, el maestro Akiva marchaba por el camino. Cuando llegó a una ciudad quiso hospedarse en algún sitio para pasar allí la noche. Pero nadie lo quiso recibir.

—Todo lo que el Misericordioso hace es para bien —dijo.

Después se marchó. Fue a dormir al campo, junto a la ciudad.

Llevaba con él un gallo, un burro y una vela. Pasados algunos minutos un fuerte viento sopló y apagó la vela. Se apareció un tigre y comió su gallo. También vino un león y devoró su burro.

El maestro Akiva, después de que le sucedieron todos estos contratiempos, dijo con absoluta convicción:

—Todo lo que el Misericordioso hace es para bien.

Durante la noche llegó a la ciudad una legión armada y tomó cautivos a los moradores del lugar. El maestro Akiva les dijo a los que estaban con él y se habían salvado:

—¿Acaso no os había dicho que todo lo que El Eterno hace es para bien? Pues si la vela hubiese estado encendida, los soldados me hubieran visto. Y si el burro hubiese rebuznado o el gallo hubiese cantado, hubieran venido por mí, para tomarme cautivo (Talmud, tratado de Berajot 60b).

Esta enseñanza del maestro Akiva es una regla de oro para aprender a amarse y amar a los demás, pensar siempre que todo es para bien. De este modo no hay razón para odiar ni guardar rencores, sólo sentir amor.

El espejo mágico

Después de que el caballero aprendiera este fundamento tan importante, Merlín desapareció. Entonces, Rebeca le mostró lo que había encontrado, un espejo que reflejaba cómo eres de verdad.

El caballero se colocó ante el espejo y contempló su reflejo. Para su gran sorpresa, en lugar de un hombre alto con ojos tristes y nariz grande, con una armadura hasta el cuello, vio a una persona encantadora y vital, cuyos ojos brillaban con amor y compasión.

—Estáis viendo a vuestro yo verdadero —explicó Sam—, el yo que vive bajo esa armadura.

—Pero —protestó el caballero, contemplándose con atención en el espejo—, ese hombre es un espécimen perfecto. Y su rostro está lleno de inocencia y belleza.

—Ése es tu potencial —le respondió Sam—, ser hermoso, inocente y perfecto.

—Si ése es mi potencial —dijo el caballero—, algo terrible me sucedió en el camino.

—Sí —replicó Sam—, pusiste una armadura invisible entre tú y tus verdaderos sentimientos. Ha estado ahí durante tanto tiempo que se ha hecho visible y permanente.

—¡He desperdiciado toda mi vida! –exclamó.

—No –dijo Sam rápidamente–. No la has desperdiciado. Necesitabas tiempo para aprender todo lo que has aprendido.

—Todavía tengo ganas de llorar –dijo el caballero.

—Pues, eso sí sería un desperdicio –dijo Sam. Acto seguido, entonó esta canción:

—Las lágrimas de autocompasión no te pueden ayudar, no son del tipo que a tu armadura puedan eliminar.

Pues hay lágrimas provenientes del flanco del bien, y hay lágrimas provenientes del flanco del mal. Las lágrimas del flanco del bien provienen del buen instinto, y las lágrimas del flanco del mal provienen del mal instinto. Ya que el mal instinto insta a llorar por lo que se codicia, en cambio el buen instinto insta a llorar por lo que realmente se necesita.

Por eso no todas las lágrimas entran ante el Rey. Las lágrimas de enojo, por ejemplo, o las lágrimas de acusación contra el prójimo, no son de las lágrimas que entran ante el Rey. Pero las lágrimas de oración y arrepentimiento, y las de los que solicitan clemencia en medio de su aflicción, todas estas lágrimas traspasan los Cielos, abren puertas, y llegan ante el Rey. Ya que éstas son lágrimas provenientes del flanco del bien (Zohar Rut 98a).

El misterio del manzano

Después de aprender estos valiosos conocimientos, el caballero conoció el patio del Castillo, en medio del cual había un magnifico manzano. A través de él el caballero aprendió a orientar correctamente las ambiciones con la ayuda de Merlín, quien le dijo:

—La ambición del corazón es pura. No compite con nadie y no hace daño a nadie. De hecho, le sirve a uno de tal manera que sirve a otros al mismo tiempo.

—¿Cómo? –preguntó el caballero, esforzándose por comprender.

—Es aquí donde podemos aprender del manzano. Se ha convertido en un árbol hermoso y maduro, que da generosamente sus frutos a todos. Cuantas más manzanas recoge la gente –dijo Merlín– más crece el árbol y más hermoso deviene. Este árbol hace exactamente lo que un manzano debe hacer: desarrollar su potencial para beneficio de todos. Lo mismo sucede con las personas que tienen ambiciones del corazón.

Por eso El Eterno está cerca de los que lo llaman de verdad, y le abren su corazón, como está escrito: «Cercano está El Eterno a todos los que lo invocan, a todos los que lo invocan de verdad» (Salmos 145, 18). Pues El Eterno solicita de la persona el corazón, como está escrito: «Amarás a El Eterno, tu Dios, con todo tu corazón, con toda tu alma y con todos tus recursos» (Deuteronomio 6, 5).

Y el maestro Nejunia, hijo de Kana enseñó: «No hay nada más cerca del Omnipresente que el corazón de la persona. Y el corazón es más valioso para Él que todas las ofrendas y los sacrificios del mundo» (Zohar Rut 97b).

El alma del corazón

¿Por qué es tan importante el corazón? En el corazón está el alma pura, la cual no compite con nadie y no hace daño a nadie. Tal como enseñó el maestro Shimón, quien le explicó a su hijo, el maestro Elazar:

—Hay personas que al hablar se expresan moviendo los ojos, otros mueven las manos, están aquellos que lo hacen moviendo la cabeza, otros el cuerpo y existen aquellos que mueven los pies. Esto es así, porque en todo lugar donde se encuentra el alma induce a ese miembro que la contiene a generar mayor movimiento.

El maestro Elazar, su hijo, le dijo:

—¡Padre! Pero, ¿acaso el alma no se encuentra en el corazón y de allí se expande hacia todos los miembros del cuerpo?

El maestro Shimón le respondió:

—¡Hijo mío! Con respecto al alma está escrito: «Le descubrió –galtá– los pies y se acostó» (Rut 3, 7). El término hebreo «galtá», significa también 'se exilió'. Resulta que en este caso el alma se exilió hacia los pies. Pues mediante las acciones inadecuadas, la persona provoca que el alma se retire de su sitio y descienda a otros lugares, hasta llegar en ocasiones a los pies. Aunque esta situación no es definitiva y puede revertirse, ya que retractándose de la mala conducta ejercida y rectificándola, es posible hacer regresar al alma a su sitio original. Y cuando se encuentra en el corazón, es denominada reina, pudiendo gobernar el cuerpo como es debido. Pero si se halla fuera de su sitio, se encuentra en un nivel deshonroso y es denominada sierva (Tikunim, Tikun 70).

La meditación del caballero

El caballero permaneció en silencio, reflexionando sobre las palabras de Merlín. Estudió el manzano que florecía ante sus ojos. Observó a Ardilla, a Rebeca y a Merlín. Ni el árbol ni los animales tenían ambición, y la ambición de Merlín provenía, sin duda, de su corazón. Todos parecían sanos y felices.

—A partir de este momento, mis ambiciones vendrán del corazón –prometió el caballero.

Mientras pronunciaba estas palabras, el Castillo y Merlín desaparecieron, y el caballero se encontró otra vez en el Sendero de la Verdad, con Rebeca y Ardilla. Junto al sendero se extendía un cabrilleante arroyo. Sediento, se arrodilló para beber de su agua y notó con sorpresa que la armadura que cubría sus brazos y piernas se había oxidado y caído.

El caballero reflexionó sobre el extraño fenómeno y no tardó en darse cuenta de que Merlín estaba en lo cierto. Descubrió que no se había sentido tan bien consigo mismo desde hacía mucho tiempo. Con el paso firme de un muchacho, partió hacia el Castillo de la Voluntad.

VIII

El Castillo de la Voluntad

EL CABALLERO CRUZÓ EL PUENTE levadizo con los animales, y cuando estaban a medio camino se abrió de golpe la puerta del Castillo y un enorme y amenazador dragón, cubierto de relucientes escamas verdes, surgió de su interior, echando fuego por la boca, y también por sus ojos y oídos. Era el dragón del Miedo y la Duda.

El caballero retrocedió y buscó su espada, pero su mano no encontró nada. Comenzó a temblar. Con una voz débil e irreconocible, pidió ayuda a Merlín, mas, para su desesperación, el mago no apareció.

Rebeca y Sam lo alentaron para que hiciera frente al dragón, diciéndole que con sus conocimientos y voluntad podía vencerlo.

Después de todo, una vez ya existió quien logró vencer a un feroz dragón con los conocimientos y la voluntad, y en esa oportunidad tampoco el maestro apareció.

El dragón de siete cabezas

Ese hecho ocurrió antes de que el caballero naciera. El maestro Abaie sabía que un terrible monstruo impedía la entrada a sus discípulos cuando iban a la casa de estudios que se hallaba en el campo. Y era tan agresivo que los atacaba incluso cuando entraban dos juntos.

Un día, el maestro Abaie se enteró de que el maestro Aja venía para estudiar y aprender de él. Entonces dijo a sus discípulos que nadie diera hospedaje al maestro Aja cuando llegara. Así se vería obligado a pernoctar en la casa de estudios, y tal vez ocurriría un milagro y mataba al monstruo.

Como estaba previsto, el maestro Aja llegó y nadie le dio hospedaje. Al no tener otra alternativa, pernoctó en la casa de estudios. Entonces, se le apareció el monstruo con un aspecto espantoso, era un feroz dragón de siete cabezas. El maestro Aja se concentró y oró con una voluntad íntegra y absoluta. Y ocurrió que cada vez que se inclinaba caía una cabeza del dragón, hasta que cayeron todas (Talmud, tratado de Kidushín 29b). El maestro consiguió esto con sus conocimientos, su voluntad, y su concentración, poniendo todo su corazón.

El caballero se enfrenta al dragón

El caballero no se amilanó, acometió una y otra vez, pero el dragón lo hizo retroceder con su fuego devastador. Ardilla y Rebeca intentaron convencerlo de que el dragón y el fuego que salía de él eran una ilusión.

—Tienen razón —corroboró Sam—. Debes regresar y enfrentarte al dragón de una vez por todas.

Mientras el caballero luchaba contra un coraje que flaqueaba, oyó a Sam decir:

—Dios le dio coraje al hombre. El hombre le da coraje a Dios.

¿Qué le quiso decir esta vez? Le recordó el mismo principio con el que el maestro Aja venció al dragón. Era un principio que había sido enseñado por el maestro Gamliel, quien dijo: «Haz Su voluntad como tu voluntad, para que Él haga tu voluntad como Su voluntad» (Tratado de Avot 2, 4). Y también dijo: «Anula tu voluntad ante Su voluntad, para que Él anule la voluntad de otros ante tu voluntad».

Con este principio se pueden vencer todas las adversidades, también a los dragones que lanzan llamaradas de fuego. Un ejemplo claro lo encontramos en Moisés, que subió a la montaña para recibir la Torá, y con este fundamento se enfrentó a peligrosas bestias flamígeras. Pues allí arriba hay seres vivientes de diversos aspectos. Los hay con aspecto de cuerdas, columnas, y estacas (*véase* II Zohar 255a), con aspecto de bestias salvajes, tales como leones, toros, y águilas *(véase* Eze-quiel 1, 10), y también con aspecto de dragones *(véa-se* II Zohar 245a). Todos son denominados ángeles, y Moisés se tuvo que enfrentar a ellos sin armas, como el caballero. Observad lo que está escrito en el Talmud:

Cuando Moisés ascendió a las Alturas Celestiales, los ángeles le dijeron a Dios:

—Amo del universo, ¿qué hace un nacido de mu-jer entre nosotros?

—Ha venido para recibir la Torá –dijo Dios.

—¿Tu tesoro tan preciado que ha estado guarda-do aquí durante tanto tiempo lo quieres entregar a los hombres? ¿Qué es el hombre, para que tengas memoria de él, y el hijo del hombre, para que lo re-cuerdes? (Salmos 8, 5) –dijeron, y agregaron: «El Eterno, nuestro Señor, cuán grande es tu nombre en toda la Tierra; has dispuesto tu esplendor –la Torá– en los Cielos» (Salmos 8, 2).

—Respóndeles –le dijo Dios a Moisés.

—Temo que me calcinen con el aliento que sale de sus bocas.

—Aférrate a mi Trono de Gloria y respóndeles.

Moisés se aferró al Trono de Gloria de Dios y lle-no de fe se enfrentó a los ángeles que lanzaban fuego por sus bocas, y los venció. Su victoria fue tan rotun-da que todos se amigaron con él y le entregaron un presente. E incluso el Ángel de la Muerte le entre-gó un presente, como está escrito: «Moisés le dijo a Aarón: "Toma el brasero y colócalo sobre el fuego del

Altar, y coloca incienso, y ve deprisa hacia la asamblea y procúrales expiación, pues la furia ha salido de la presencia de El Eterno; ¡ha comenzado la plaga!". Aarón tomó tal como Moisés le había dicho y corrió hacia el medio de la congregación, y he aquí que la plaga había comenzado en el pueblo. Colocó el incienso y procuró la expiación para el pueblo. Se situó entre los muertos y los vivos, y la plaga se detuvo» (Números 17, 11-13). Si no fuera porque el Ángel de la Muerte se lo dijo, ¿cómo podía saberlo? (Talmud, tratado de Shabat 88b).

Así es, pues, con fe, voluntad y conocimientos se pueden vencer todas las adversidades, tal como hizo Moisés con los ángeles, cuyo aliento era de fuego ardiente.

La decisión tomada

Esta vez el caballero estaba completamente decidido a enfrentarse al dragón. Avanzaba y cantaba una y otra vez: «El miedo y la duda son ilusiones». El dragón lanzó gigantescas llamaradas contra el caballero una y otra vez pero, por más que lo intentaba, no lograba hacerlo arder.

A medida que el caballero se iba acercando, el dragón se iba haciendo cada vez más pequeño, hasta que alcanzó el tamaño de una rana. Una vez extinguida su llama, el dragón comenzó a lanzar semillas.

Estas semillas –las Semillas de la Duda– tampoco lograron detener al caballero. El dragón se iba haciendo aún más pequeño a medida que continuaba avanzando con determinación.

—¡He vencido! –exclamó el caballero victorioso.

IX

La Cima de la Verdad

ESPUÉS DE VENCER al Dragón del Miedo y la Duda, el caballero estaba decidido a alcanzar la cima de la montaña. Escaló, con los dedos ensangrentados por tener que aferrarse a las afiladas rocas. Cuando ya casi había llegado a la cima, se encontró con un canto rodado que bloqueaba su camino. Como siempre, había una inscripción sobre él: «Aunque este universo poseo, nada poseo, pues no puedo conocer lo desconocido si me aferro a lo conocido».

El caballero reflexionó sobre algunas de las cosas «conocidas» a las que se había aferrado durante toda su vida. Estaba su identidad –quién creía que era y que no era–. Estaban sus creencias –aquello que él pensaba que era verdad y lo que consideraba falso–. Y estaban sus juicios –las cosas que tenía por buenas y aquellas que consideraba malas.

¿Quería decir la inscripción que debía soltarse y dejarse caer al abismo de lo desconocido?

—Lo has entendido, caballero –dijo Sam–. Tienes que soltarte.

El caballero se soltó y se precipitó al abismo, a la profundidad infinita de sus recuerdos. Recordó todas las cosas de su vida de las que había culpado a su madre, a su padre, a sus profesores, a su mujer, a su hijo, a sus amigos y a todos los demás. A medida que caía en el vacío, fue desprendiéndose de todos los juicios que había hecho contra ellos.

Por primera vez contempló su vida con claridad, sin juzgar y sin excusarse. En ese instante, aceptó toda la responsabilidad por su vida. Entonces, le sobrevino una desconocida sensación de calma y algo muy extraño le sucedió: ¡empezó a caer hacia arriba!

¡Sí, parecía imposible, pero caía hacia arriba, surgiendo del abismo! Al mismo tiempo, se seguía sintiendo conectado con lo más profundo de él, con el centro de la Tierra. Continuó cayendo hacia arriba, sabiendo que estaba unido al Cielo y a la Tierra.

Ahora entendía el misterio del versículo que declara: «¿Quién conoce el espíritu de los hombres que asciende hacia arriba, y el espíritu del animal que desciende abajo a la tierra?» (Eclesiastés 3, 21). Ya ni siquiera necesitaba leerlo con signos de preguntas.

Es necesario tener un espíritu animal, el cual está aferrado a la Tierra, y un espíritu de santidad, aferrado al Cielo, al mundo de los ángeles, al mundo que conoce más a Dios. Pues en la Tierra Dios está oculto detrás de la naturaleza, pero en el Cielo su presencia es mucho más clara.

Allí vio a los ángeles giratorios, a los de cuatro alas, y también a los serafines de seis alas. Y desde allí arriba contempló que todos alababan a Dios, los que tienen espíritu que asciende a lo Alto, y los que tienen espíritu que desciende a lo bajo, como declaró el rey David: «Alabad a Dios, alabad a El Eterno, corte de los Cielos, alabadlo en las alturas. Alabadlo, todos sus ángeles, Alabadlo, todas sus huestes. Alabadlo, Sol y Luna, Alabadlo, todas las estrellas luminosas. Alabadlo, Cielos superiores, y las aguas que están sobre los Cielos. Alabad el Nombre de El Eterno, pues Él ordenó y fueron creados. Los estableció para siempre, les estipuló fronteras, y no alterarán su curso. Alabad a El Eterno criaturas terrestres, peces gigantescos y todo lo que hay en las profundidades oceánicas. El fuego, granizo, nieve y humo, viento, tempestad que actúan según su mandato. Montes y todas las colinas, árboles frutales y todos los demás árboles, el animal salvaje y todo animal doméstico, los reptiles y todas las aves aladas. Los reyes del mundo y todas las naciones, ministros honorables y todos los jueces de la Tierra. Jóvenes y doncellas, ancianos con adolescentes. Alabad el nombre de El Eterno, pues sólo Su nombre es ensalzado, Su esplendor está sobre la Tierra y el Cielo» (Salmos 148).

Observó todas esas maravillas desde lo Alto y supo que todos poseen un alma, y tienen vida, e inteligencia, incluso los planetas y las esferas. Ellos conocen al Creador del mundo, que creó todo con su palabra. Cada uno alaba y ensalza a su Creador, según su nivel y capacidad, tal como lo hacen los ángeles celestiales *(véase* Maimónides *Iesodei Hatora* 3, 9).

El caballero ya no necesitaba su armadura para protegerse, ni tampoco demostrar que era bueno, generoso y amoroso. Ahora estaba apegado a la Fuente, a Dios, y sabía que a través de Él conseguiría todo lo que necesitara. Y también estaba unido a la Tierra, donde estaba su otra parte del alma, y juntos conformaban un solo hombre, completo, feliz, dichoso y lleno de amor.

Índice